男人肌肉就要這樣練

甘思元
Kenny ◎ 著

20天練出肌肉爆發力！
國家級運動健護教練教你速效健美！

男人有肌肉**不夠看**！

要健康、有爆發力，加上好心態，才是好男人！

這是一本工具書，專為想讓自己的體態看起來更 MAN、肌肉更有線條的男人而寫的書。但是，我不打算介紹在網路或書店中已經一籮筐的傳統健美鍛鍊方法給大家，我想延續上一本書《你運動對了嗎？》的精神——運動健護（Performance Coaching），用全身一體的觀念、強調身體功能的表現，與整合心態、體能、保養、營養並重的做法，來讓一個男人更有看頭。

事實上，許多傳統的健身訓練法並非不好，但對許多人而言，可能自己的基礎不足，特別是身體穩定性、移動性或移動品質不夠好的情況下，就貿然運用一些「高難度」的訓練方式，有時候恐怕未蒙其利，就先受其害了。更何況，許多上班族不見得有時間去健身房運動，而一些需要器材輔助的鍛鍊方式，對他們而言也許只能乾瞪眼而不能實地學習。

因此，我在這本書想教大家的方法是，盡可能在自己家中或公司、公園的某一處空地就可以做的訓練，需要輔助的器材越少越好，即使需要器材，也盡可能越簡便越好，讓多數人可以方便、容易上手學習為主。我想介紹的自我訓練的方法也著重在整體身體的運動品質，而不是一味的只教你把肌肉一塊一塊地拆開來練，讓身體看起來好看又健康，才是我要強調的重點。

當你已經很熟練這本書中的訓練方式後，若對自己的肌肉有更「大」的需求，那麼在此基礎下，建議去健身房搭配一些傳統的鍛鍊方式來強化自己，我相信你會獲得更好的效果，且最重要的是：避免受傷，提升運動表現。

你應該不難理解為何我會在標題中強調「男人有肌肉不夠看！」了，因為我實在不能同意「肌肉大就是美」的想法。但是，我卻願意舉雙手贊成，「男人的體型要好看、要有肌肉、要有線條，又好用」。簡單的說，就是男人的肌肉很重要，可是男人的基本健康、生活型態、運動表現與避免受傷更重要！愛美是人的天性，可是為了健美卻反而傷了健康、體態走樣、用不出力量或沒有爆發力，我想任誰都不會同意那是好的身體。

這本書主要是分基礎、進階、精進三個程度的訓練，分別以四週的課表來教大家做運動，所以當然會以賞心悅目的動作照片為主，這些動作所占的篇幅也會比較多。雖然如此，我還是要強調，心態的調整、恢復保養、營養管理也是同等重要的事情，絕對不要有所偏廢。因為人的健康與體型的鍛鍊不會是只靠「訓練」就可以做到的。懂得自我要求認真運動，卻毫不忌諱的亂吃東西，或日夜顛倒、沒有規律的生活作息，或運動前不熱身、運動後不收操伸展……若是這樣，不管你多麼勤於自我鍛鍊，身體終究是不會健康，也不可能長出完美的肌肉與強健體魄！

身心的平衡是健康的基礎。雖然擁有一個健美強壯的體魄是男人的夢寐以求，但是這樣還不夠，還要有一個健康積極的心態。心態，是一切行為的基礎，錯誤的心態會導致錯誤的行為，也易招致錯誤的結果。所以，當你鍛鍊身體時也要同時調整好自己的心態，運動與生活是一體兩面的，我們用一樣的心態運動也會用一樣的心態過生活。這就是我在每一週課表中都會安插一段運動健護心理的主要目的了。真正的好男人不是只有外表好看，同時也要擁有好心態。因為心智的成熟而有好心態，會讓男人的言行更具魅力，就像女人不喜歡當花瓶一樣，男人也不該只是當一隻蠻牛而已，不是嗎？

很感謝大家對我上一本書《你運動對了嗎？》的支持，如果說前一本書是比較偏「理論」的教課書，這一本書，則承襲前一本書的核心「運動健護」，再把重心從「理論」轉成「實用」，是一本圖文並茂的實用書，你只需找對自己的程度，然後照表操課就行，只要你認真執行，四週之後你將徹底改變！

最後我要感謝力格運動健護中心的所有教練和接受力格訓練的選手們，以及所有給我支持與協助的人，你們讓我能夠克服種種困難完成這本書。

謝謝力格！

甘思元 Kenny

如何使用本書

本書的架構是依據三種不同程度的朋友,來設計四個四週的課表,你可以依據自己的需求來選擇課表練習。

- ●**基礎篇**:想運動但不知如何開始的人,可以從這裡開始!
- ●**進階篇**:有運動習慣,但是肌肉卻不夠厚實有力?請從這裡開始!
- ●**精進篇**:給運動高手的人。

每篇訓練課的架構

1. 篇章說明與訓練目的:以「車」來比喻訓練的概念與目的。
2. 訓練計畫:分別列出四週中每一週的訓練目的,同時也說明在心態、體能、保養、營養四大主題每一週的重點。
3. 動作總整理:全篇體能訓練動作的總整理與動作說明。
4. 四週完整訓練課表。

看懂課表設計

　　基礎、進階、精進三種程度各有不同的課表設計，其主要架構為：

1. 身體的靜態休息（睡眠）很重要，動態恢復也很重要。每週建議選三天運動，另外穿插在這三天中間的兩天是恢復日，用「熱身＋慢跑＋緩和」來當動態恢復，這是最有效的恢復保養的方法，因為這樣做不只可以讓身體的代謝強化，也可以透過慢跑後較高的體溫來做緩和伸展，達到保養的效果。

2. 熱身：分為 A、B、C 三類熱身，分別適合基礎、進階、精進三種程度的人。

3. 每週主訓練三天，中間間隔一天，間隔的這一天做提升心肺功能的能量系統訓練（ESD），依心跳率分成 Z1、Z2、Z3 三個強度，**一般人的最大心跳率預估值公式＝208 －年齡×70%**，你可以慢跑、騎腳踏車、踏步機……或做其他類似的運動，這樣可以兼顧訓練與恢復。

● **Z1（Zone 1）**：就是心跳落在有氧運動較低強度的範圍內（你最大心跳率的60～70%），你邊運動還可以邊聊天。

● **Z2（Zone 2）**：就是心跳落在有氧運動較高強度的範圍內（你最大心跳率的71～80%），你運動時無法和別人交談。

● **Z3（Zone 3）**：就是心跳落在無氧運動強度的範圍內（你最大心跳率的81～90%），你運動必須有節奏地呼吸，持續60～90秒這樣的速度，你可能會做不下去，必須休息。

4. 主訓練的動作安排：依照不同需求而設計，從課表最右邊的「合計」動作訓練次數總和，可以知道在四週中不同動作的比重，從中你可以看得出來，所有的訓練中「預先強化」的動作所占比例最高，因為這個類型的動作不需負重，也較為簡單，但卻是極為重要的訓練基礎。上半身推與拉、下半身推與拉的動作次數也要互相平衡，這也是提醒你，不要只做你想做的動作（例如，不斷地練上半身的推，只想把胸肌練大而已），動作的訓練要能「推、拉」平衡，肌肉的力量與外型才會獲得最好的美感。

　　另外，課表的最底下一列的「當天訓練動作數合計」是指每一天訓練中，主訓練的不同動作數的總計，例如：「10」代表當天的主訓練有10個不同的動作需要練習，讓你知道當天可能會有多「累」，因為這合計的數字越多，代表著當天的主訓練內容越「豐富」，也可以從中看到，每天訓練動作數量的變化，讓訓練與恢復時間取得平衡。

5. 緩和：每次運動後都必須做緩和運動，緩和的動作沒有程度之分，任何人都適用。

不只鍛鍊肌肉，更要注重整體性

　　另外，我也把所有的熱身與緩和動作全部整理在：

熱身篇：所有運動都要從這裡開始。
緩和篇：所有運動都要這樣結束。

　　所有的鍛鍊都要由身體的關節活動品質開始，身體深層的穩定力量與移動能力最重要，外表的大肌群次之。

　　身體的整體功能性，優先於外表肌肉的大小，與你所能夠負荷的重量或某動作重複的次數。不要只追求肌肉大小，或比較能推多重、次數多寡，切記，運動的品質第一！訓練的過程要漸進！

所有訓練動作類型與三個程度課表的關係如下：

		動作類型	目的
	1	體態	把身體最重要的關節擺對位置
	2	熱身	在運動前，將身體準備好，預防運動傷害，促進運動表現
	3	預先強化	提升身體主要關節的移動性與穩定性，讓身體運動時更有效率，不易受傷
	4	能量系統	一般稱為心肺訓練，主要是將身體的有氧與無氧能力提升，促進身心活力
	5	運動彈性能	增加肌肉彈性與敏捷性的訓練，讓力量的使用更有速度與效率
	6	力量與爆發力──上半身推	上半身推的力量與爆發力訓練
	7	力量與爆發力──上半身拉	上半身拉的力量與爆發力訓練
	8	力量與爆發力──下半身推	下半身推的力量與爆發力訓練
	9	力量與爆發力──下半身拉	下半身拉的力量與爆發力訓練
	10	力量與爆發力──旋轉	身體旋轉的力量與爆發力訓練
	11	力量與爆發力──全身	全身力量與爆發力訓練

基礎篇重點

進階篇重點

精進篇重點

目錄 | CONTENTS

［第 1 章］熱身篇
所有運動都要從這裡開始

[第2章] 緩和篇

所有運動都要這樣結束

26 ≫ 別忘了運動後的恢復保養

緩和伸展整理

目錄 | CONTENTS

[第3章] 基礎篇
活動身體、
訓練體態就從這裡開始

38 ≫ 基礎篇：四週讓你「活」動起來！

[第4章] 進階篇

強健體魄、雕塑力與美的進階挑戰

[第5章] 精進篇

成為魅力滿分、
活力滿點的美肌型男

140

熱身篇

所有運動
都要從這裡開始

所有運動都需要熱身！

人的身體和車子一樣。
車子行駛前，要先啟動電路、油路、潤滑與引擎點火。
人在運動前，則要先啟動血流、神經、關節與肌肉。

千萬不要以為熱身是在浪費時間，熱身做得好，運動效率會更好，更重要的是比較不容易受傷。你絕對不會希望，一不小心的運動傷害讓你反而不能運動吧！

本篇就是教你如何熱身。我把熱身動作分成A、B、C三類，你可以依據自己的體力與運動習慣來評估適合從哪一類的熱身運動做起：

● 〔A類〕適合基礎者：容易做，比較不費力。如果你是沒有運動習慣的人，可以從此類開始熱身。
● 〔B類〕適合進階者：需要費一點力氣，有一點難度，可是也不至於讓你累。這類熱身動作很適合有運動習慣的人。
● 〔C類〕適合精進者：需要你的身體有足夠的穩定性與移動性。如果你有運動習慣，而且自認運動能力不錯，或者你是選手，這一類的熱身運動非你莫屬。

一、提高你的血流和體溫：

- 〔A類〕適合基礎者：快走或慢跑5～10分鐘。只要覺得身體微微出汗、心跳加快，但是不會覺得吃力就好（快走或慢跑也可以換成腳踏車、滑步機之類的運動代替）。
- 〔B類〕適合進階者：慢跑5分鐘，然後用70%的力氣跑1分鐘。再慢跑2～3分鐘（快走或慢跑也可以換成腳踏車、滑步機之類的運動代替）。
- 〔C類〕適合精進者：慢跑5分鐘，然後用90%力氣跑30秒，接著慢跑2分鐘，再用90%力氣跑30秒，最後慢跑2分鐘（快走或慢跑也可以換成腳踏車、滑步機之類的運動代替）。

二、伸展你的肌肉：動態伸展

1 ▶ 抱手肘側彎

適合對象
〔A類〕基礎者

伸展部位
上手臂三頭肌、側肩關節、側軀幹肌群

動作次數
左右各3～6次

背面姿勢

[Step1] 採站姿，雙手舉起，將一手掌貼於背部胸椎位置，手肘朝上，另一手掌握於朝上之手肘協助伸展，讓背後的手掌可以盡量往下，到極限停留2～6秒。

POINT 軀幹要保持挺直。

[Step2] 身體向側邊彎曲做伸展，停留6～10秒。

POINT 側彎時，盡量保持骨盆的穩定。

POINT 手肘朝上的肩關節要盡量打開，讓手掌可以往下盡量延伸。

2 觸耳旋轉＋側彎

適合對象
〔Ａ類〕基礎者

伸展部位
軀幹旋轉肌群、活動胸椎

動作次數
左右各3～6次

[Step1] 採站姿，將雙手輕觸雙耳，張開手肘，使之與肩膀呈一直線。

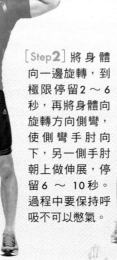

[Step2] 將身體向一邊旋轉，到極限停留2～6秒，再將身體向旋轉方向側彎，使側彎手肘向下，另一側手肘朝上做伸展，停留6～10秒。過程中要保持呼吸不可以憋氣。

POINT 一邊手肘要盡量往下，另一邊則要盡量往上延伸。

POINT 側彎時骨盆盡量保持穩定。

3 腿前側伸展＋伸手

適合對象
〔Ａ類〕基礎者
〔Ｂ類〕進階者

伸展部位
大腿前側肌群與手臂伸展

動作次數
左右各6～10次

採站姿，一手握同側腳踝，拉起腳踝使腳跟接近臀部，同時另一手向天空延伸，到極限停留2～6秒。

POINT 手盡量向天空延伸，大腿前側會有明顯被伸展的感覺。

4 ▶ 屈膝手握脛骨＋伸直膝

適合對象

〔A類〕基礎者
〔B類〕進階者

伸展部位

腿後腱肌群

動作次數

左右各6～10次

採站姿，雙腳張開約一倍半到兩倍肩寬。背打平，保持呼吸不要憋氣，膝蓋微彎，雙手握兩腳脛骨接近腳踝位置，再用力將膝蓋打直，到極限停留2～6秒。

POINT 膝蓋挺得越直，伸展的感覺越明顯。

POINT 如果背打平手握不到腳踝，可以再把膝蓋彎多一些，讓手握到脛骨接近腳踝位置。

5 ▶ 側跨步伸展

適合對象

〔A類〕基礎者
〔B類〕進階者
〔C類〕精進者

伸展部位

腿內側肌群

動作次數

左右各6～12次

[Step2] 重心側臀用力將身體向上往另一側推起，讓身體回到抱拳站姿。

POINT 當身體往下蹲得越低，腿內側肌肉會被明顯的伸展。

[Step1] 採站姿，雙腳張開約一倍半到兩倍肩寬，膝蓋放鬆不鎖死。雙腳膝蓋、腳尖保持朝正前方，臀部往下、往後坐，同時將雙手於胸前抱拳以平衡全身重心，再將身體90%重心轉移至一腳足弓，另一腳保持伸直，臀部往下、往後坐到最低，讓重心腳膝蓋位於腳掌大拇指的正上方，雙手抱拳，停留2～6秒。

6 ▶ 抱膝走

適合對象

〔A類〕基礎者
〔B類〕進階者
〔C類〕精進者

伸展部位

臀部

動作次數

左右各 8 ～ 12 次

採站姿，單腳站立膝蓋微彎，雙
手抱住一另隻腳的膝蓋，背部保
持挺直，雙手用力抱住膝蓋往胸
部靠近，到極限停留 2 ～ 6 秒。

POINT 站立腳膝蓋要挺直，
使身體有向上挺高延
伸的感覺。

7 ▶ 相撲蹲

適合對象

〔B類〕進階者
〔C類〕精進者

伸展部位

腿後側肌群

動作次數

左右各 6 ～ 12 次

[Step 1] 採站姿，雙
腳張開約一倍半肩
寬。將身體盡量往下
蹲，讓臀部越接近腳
踝越好，背要打平，
雙手抓住兩腳前腳
掌。

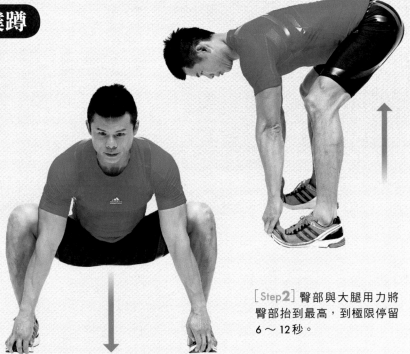

[Step 2] 臀部與大腿用力將
臀部抬到最高，到極限停留
6 ～ 12 秒。

8 ▶ 抱腿走

適合對象

〔A類〕基礎者
〔B類〕進階者
〔C類〕精進者

伸展部位

臀部

動作次數

左右各6～8次

採站姿，單腳站立膝蓋微彎，背部保持挺直，一手抱住一另隻腳的膝蓋，另一手抱住腳踝，雙手用力將膝蓋與腳踝同時往胸部靠近，到極限停留2～6秒。

9 ▶ 反向腿後伸展

適合對象

〔B類〕進階者
〔C類〕精進者

伸展部位

腿後側肌群

動作次數

左右各6～8次

［Step2］站立右腳臀部用力使身體向前傾，盡可能讓身體與地面保持水平，左腳離地向後伸展，維持2秒，再回到［Step1］。

［Step1］採站姿，緊縮腹部，雙手平舉向兩側延伸，四指輕輕握拳，大拇指朝後；一腳站立膝微彎，保持身體平衡，另一腳向後移一小步，伸直膝蓋並勾腳尖微微離地，讓腳尖置於前腳腳跟旁，保持頭頂至右腳跟呈一直線。

POINT 需要一定肌力支持才做得到，除做為伸展外也可視為訓練的一種。

10 推牆

適合對象

〔A類〕基礎者
〔B類〕進階者
〔C類〕精進者

伸展部位

小腿

動作次數

左右各 6 ～ 8 次

採站姿，將雙手支撐牆面，一腳向前站，另一腳往後伸直用力將腳跟往地面壓，使腳跟不離地，用臀部的力量將身體往牆面壓，做推牆狀，到極限停留 6 ～ 12 秒。

11 後跨步伸展

適合對象

〔C類〕精進者

伸展部位

大腿前側肌群、手臂、軀幹旋轉肌群

動作次數

左右各 3 ～ 4 次

[Step2] 身體回正，水平伸直右手微握拳，拇指指向後方，身體向拇指後方旋轉，眼睛隨著身體的轉動直視拇指，到極限停留 2 秒。再轉回至正面，前腳臀部與大腿同時用力將身體向後推動，前腳順勢向後跨一大步，做另一側的動作。

POINT 需要一定肌力支持才做得到，除做為伸展外也可視為訓練的一種。身體要一直保持挺直。

[Step1] 採站姿，一腳向後跨出一大步，將身體垂直下沉，使前後腳膝蓋幾乎呈 90 度，左手向上伸直，同時左膝向下延伸，停留 2 秒。再將身體向右側彎曲，右手盡量向後腳彎曲膝蓋接近，停留 2 秒。

1

熱
身
篇

12 下沉步伸展

適合對象
〔B類〕進階者
〔C類〕精進者

伸展部位
腿外側肌群

動作次數
左右各6～8次

採站姿,將一隻腳向另一腳斜後方踏一小步,維持身體向正前方。身體往下蹲,80%重心在前腳,20%在後腳,停留2～6秒。前腳臀部用力把身體推起,將腳收回呈準備動作。

POINT 下蹲時,保持抬頭挺胸。起來時,要用臀部的力量抬起身體。

13 手走路

適合對象
〔C類〕精進者

伸展部位
腿後側肌群

動作次數
左右各4～8次

[Step1] 採站姿,身體下彎讓手掌接觸地面,手掌越接近雙腳越好,但雙腳須保持伸直。

[Step2] 雙手向前移動,在維持身體穩定的前提下,盡量讓手走至離身體最遠處,一直到身體與地面幾近水平,停留2秒。

[Step3] 接著雙手固定不動,膝蓋保持伸直,僅用腳尖向前走,使臀部越來越高。在膝蓋不彎曲的前提下,腳踝走至最接近手的位置,然後雙腿用力將臀部推高,臀部往上延伸,使雙腳伸直。停留2秒。

POINT 需要一定肌力支持才做得到,除做為伸展外也可視為訓練的一種。身體與膝蓋要一直保持挺直。

第 2 章

緩和篇

所有運動
都要這樣結束

2

緩　和　篇

別忘了運動後的恢復保養

運動後還要做緩和運動？是的！沒錯，而且一定要。
道理很簡單，因為：

一、運動後的肌肉需要透過血液循環，把容易讓肌肉痠痛的廢棄物清掉。
二、運動後的肌肉會變短，需要伸展將它拉開，讓肌肉恢復長度與柔軟。

所以，如果你不希望因為運動，反而讓你的肌肉痠痛不舒服，請不要做完運動就走人，再多10分鐘，你的身體會感謝你，你的肌肉會長得更快更美，下一次運動時也會更輕鬆。

如果，運動的目的是讓身體功能更好、更健康、肌肉長得更有型。那麼，請你不要以為身體只要鍛鍊，可以不用恢復保養。錯！錯！錯！嚴重的錯誤。猛練肌肉，卻不做緩和、不保養肌肉，就等於只對肌肉破壞，卻不重建一樣的荒謬！

運動結束後，別忘了做緩和運動喔！

一、快走或慢跑5 ～ 10分鐘

為了讓運動時所產生的廢棄物質，使肌肉感到痠痛的乳酸、肌酸酶等物質，能更快代謝掉，適度的有氧運動包括：快走、慢跑，差不多進行5 ～ 10分鐘就能加速代謝，使肌肉的恢復能力提升。

2
—
緩
和
篇

二、伸展肌肉以放鬆

1 ▶ 頸部緩和運動

伸展部位

頸部肌群

動作次數

每個角度做 3 ～ 6 次

站姿，依序將頸部往上、下、左、右、左45度、右45度轉動。可以用手輔助伸展，每一個角度停在極限6 ～ 20秒。

POINT 用手輔助伸展時，力量要穩定漸漸加強。

2 ▶ 胸椎：雙手觸耳左右旋轉＋側彎

伸展部位

軀幹旋轉肌群、活動胸椎

動作次數

左右各 3 ～ 6 次

[Step 1] 雙手輕觸雙耳，張開手肘，使之與肩膀呈一直線。

POINT 側彎時一邊手肘盡量往下，另一邊則要盡量往上延伸，且保持骨盆的穩定。

[Step 2] 將身體向一邊旋轉，側轉到極限停留2 ～ 6秒，再向旋轉方向側彎，使側彎手肘向下，另一側手肘朝上，停留6 ～ 12秒。過程中保持呼吸不憋氣。

③ ▶ 胸椎加腰椎：雙手伸直勾掌側彎

伸展部位

軀幹旋轉肌群，活動
胸椎及腰椎

動作次數

左右各 3 ～ 6 次

轉右側　　　　　　轉左側

拱背姿勢

站姿，將雙手環抱，拱背至極限，停留
2 ～ 6 秒。再將身體向左、右兩側旋轉至
極限，各停留 2 ～ 6 秒。

拱背時，盡可能保胸部內
縮，肩胛骨向前伸張，骨
盆盡可能後傾。

④ ▶ 上手臂、肩＋側彎

伸展部位

側邊軀幹肌群、上手
臂，活動肩關節

動作次數

左右各 3 ～ 6 次

［Step2］再 將 身
體向側邊彎曲，
伸展側邊肌群，
停留 6 ～ 20 秒。

［Step1］站姿，雙手反向扣住向上
伸展，到極限停留 2 ～ 6 秒。

POINT 當 身 體 側
彎 時，盡
量保持骨盆的穩
定。

5 ▶ **上手臂與手腕伸展**

伸展部位

上手臂與前手背內側

動作次數

左右各 3 ～ 6 次

站姿，雙手向前伸直，一手掌心朝上，另一手握住，手指向下壓，至極限停留 6 ～ 20 秒。

---

6 ▶ **胸肌伸展**

伸展部位

胸部肌群

動作次數

左右各 3 ～ 6 次

 **POINT** 一手可撐於牆面，做為支撐點。

 **POINT** 伸展時保持挺直與骨盆穩定，不要憋氣。重心可以略微向前傾，伸展效果會更好。

採弓箭步，將一手水平張開，掌心朝前，掌心可貼於牆面，做為支撐。身體向前旋轉，另一手置於另一側胸部，手指用力將胸肌往軀幹中心拉緊，至極限停留 6 ～ 20 秒。

7 ▶ 90/90伸展＋肩旋轉

伸展部位

軀幹旋轉肌群，活動
肩關節

動作次數

左右各3～6次

[Step1] 側躺90度，將一腳至於另一腳膝蓋下，一手抓住膝蓋向下壓，膝蓋若無法觸地，可以在膝蓋下至一顆藥球。另一手掌心朝下貼地。

POINT 手臂旋轉時，手掌盡量往外延伸，使肩膀相關肌群可獲得最佳伸展效果。

[Step2] 軀幹旋轉90度，使身體朝上，手背貼地，停留12～20秒。

[Step3] 手臂逆時針旋轉，同時將身體轉回準備動作。

8 ▶ 躺姿臀伸展

POINT 未離地的一腳也要用力貼地勾腳尖。

POINT 不要因為讓膝蓋接近胸部而把身體挺離地。

伸展部位

臀肌

動作次數

左右腳各 3 ～ 6 次

[Step1] 躺姿，雙腳貼地勾腳尖。將一腳屈膝，雙手用力抱膝，使膝蓋接近胸部，停留 6 ～ 12 秒。

[Step2] 再將離地腳的小腿轉一個角度，另一手握住接近腳踝的位置，用力將膝蓋抬向對側的肩膀方向，到極限停留 12 ～ 20 秒。

9 ▶ 躺姿腿後腱肌群伸展

[Step1] 躺姿，雙腳貼地勾腳尖，將輔助繩子套在一腳前腳掌，雙手握繩子另一端，套繩子的一腳用力抬腿到極限。

伸展部位

腿後腱肌群

動作次數

左右腳各 3 ～ 8 次

[Step2] 雙手用力拉緊繩子，將腳抬起的角度更大，腳同時持續用力，到極限停留 12 ～ 30 秒。

POINT 未離地的一腳也要用力貼地勾腳尖。

10 ▶ 靠牆坐＋肩關節活動

伸展部位

肩關節活動

動作次數

6 ～ 12次

[Step 1] 雙腳靠牆盤坐，頭、肩、背貼牆。將雙手舉起，掌心朝前，手肘彎曲90度，使手臂、手背盡量貼牆。

POINT 過程中保持正常呼吸，特別是腰椎不可以過度拱起。

[Step 2] 以緩慢穩定的速度，沿著牆面將雙手伸直，約6 ～ 12秒之間完成動作回到[Step 1]準備動作。

11 ▶ 盤坐鼠蹊伸展

伸展部位

鼠蹊

動作次數

3 ～ 6次

雙腳盤坐，背打平，雙手抓住腳踝，用力將腳踝拉近身體，同時手肘用力將膝蓋壓往地面，到極限停留6 ～ 20秒。

12 ▸ 四頭肌伸展

伸展部位

腿前側肌群

動作次數

左右腳各 3 ～ 6 次

分腿跪姿，將一腳屈膝，用同一側手抓緊腳踝，用力將腳跟壓近臀部，到極限停留 6 ～ 20 秒。

POINT 腳要用力踩踏，臀部用力夾緊，軀幹保持挺直向上延伸。

13 ▸ 小腿肌伸展

伸展部位

小腿肌

動作次數

左右腳各 3 ～ 6 次

POINT 保持身體穩定，維持正常呼吸，不憋氣。

雙手撐地，背打平，將一腳腳尖置於另一腳腳跟上。下腳腳跟用力往下踏，上腳腳尖同時用力壓下腳腳跟，到極限停留 6 ～ 20 秒。

2 — 緩和篇

14 ▶ 站姿旋轉

伸展部位

胸肌、軀幹旋轉肌群

動作次數

左右側做 3 ～ 6 次

站姿，雙手平舉，互相交疊，兩手掌分別輕搭在另一手臂上。身體向一側旋轉，到極限停留 6 ～ 20 秒，再換另一側旋轉。

POINT 過程中，雙腳挺直，保持正常呼吸

15 ▶ 駝式＋貓式

伸展部位

胸椎、腰椎活動

動作次數

3 ～ 6 次

[Step1] 四足跪姿，將胸椎拱起，髖關節往前頂，到極限停 6 ～ 12 秒。

[Step2] 將腰椎往下沉，髖關節往後，到極限停 6 ～ 12 秒。

POINT 手掌要用力撐地，保持正常呼吸，將身體放輕鬆。

2 ─ 緩和篇

16 ▶ 眼鏡蛇式

伸展部位

腹部肌群

動作次數

3 ～ 6次

俯臥，雙手置於胸前，用力將身體抬起，雙手打直，盡量把上半身撐高，到極限停6～12秒。

POINT 手掌要用力撐地，保持正常呼吸，將身體放輕鬆。

17 ▶ 拜月式

伸展部位

後背肌群、肩關節

動作次數

3 ～ 6次

跪姿，雙手置於身體前，身體盡量向下接近地面，臀部往腳跟接近，手掌盡可能貼地向前延伸，到極限停12 ～ 20秒。

POINT 手掌盡可能貼地往前延伸，越遠越好，保持正常呼吸，將身體放輕鬆。

第 3 章

基礎體能

活動身體、訓練體態 就從這裡開始

3 基礎篇

想運動但不知如何開始的人，
可以從這裡開始！

四週讓你「活」動起來！

你先不必急著把自己變猛男，但是你只要認真做這四週的課程，保證你不但走路有風、更有活力。

運動健護最重要的目的就是提升人們的運動表現。

你或許不喜歡任何運動項目，但是絕對需要有一個健康的身體供你運用。你可以不喜歡打球、登山，可是你卻免不了要走路、跑步、上下樓梯。

基礎篇訓練目的：
讓沒有運動習慣卻經常腰痠背痛、肩頸僵硬的你，容易上手。不必上健身房，辦公室、家裡都可以運動，讓痠痛不藥而癒。

這一篇是專門為你而寫，我想說的是，如何在最有限的時間、空間，和最不需要設備的情形下，你依然可以做運動。而這一篇所設計的運動目的，就是讓你整個身體活起來，讓身體學會關節穩定的力量與移動能力，同時也讓你的身體有更好的新陳代謝能力。如果你是一位不運動卻常常腰痠背痛、肩頸僵硬的上班族，這一篇你一定不能錯過。

若用汽車來比擬，最起碼你要是一部電路、油路順暢，四輪傳動有效率的實用車。

基礎篇訓練目的：你的身體與車的對比

你的身體	實用車
關節擺對位置	把所有齒輪卡對位置
關節功能正常	所有的齒輪可以靈活運轉
強化核心力量	有效率的傳動軸和四個輪軸
提高身體能量輸出的運用	提高換檔順暢性

在這四週的規劃中，我們要按照運動健護的原則來做，運動健護的心理、體能、保養、營養都要同時重視，雖然從文字的篇幅中，你會發現體能訓練的內容占最多，但是那不代表體能訓練最重要，只是體能訓練需要最多的字、圖來說明而已，其他的部分其實是同等重要的事，也需要你身體力行，放到你的日常生活裡。

以下的這個表，就是這四週的課程大綱，在心理、體能、保養、營養四大主軸，每一週都有一個主要的目的。

接下來我們先了解，該如何在四週內完成訓練體態與強化體能的目標。

基礎篇訓練計畫

週數		第一週	第二週	第三週	第四週
基礎篇四週訓練目的		讓你開始動，並且動得對！	讓你動得對、動得穩、動得靈活！	加強你的核心穩定！	整合核心力量，讓運動有扎實的基礎！
運動健護四主軸	心理	運動本來就是生活的一部分	感到痠痛、僵硬的原因是缺乏正確的運動	提高你的運動能力就是提高你的健康力	你做得到！你的頭腦和身體同時變年輕了！
	體能	提高關節的穩定性、移動性	加強關節的穩定性、移動性	增強核心力量	強化核心力量
	保養	學會運動後的正確伸展	持續運動後的正確伸展	給自己每天八小時的睡眠	知道何時冰敷？何時熱敷？
	營養	水分補充很重要	平衡你餐盤中的食物	把三餐變六餐	你必備的好油

如何進行基礎篇的四週訓練

讓我們開始這四週基礎篇的運動健護課吧！

基礎篇 第1週 讓你開始動，並且動得對！

[心理] 運動本來就是生活的一部分

其實，不管你愛不愛運動，運動一直是生活的一部分，起床、走路、上下樓梯……都是一種「運動」。提升生活品質，讓身體可以活動得順暢，最好的方法就是讓身體習慣正確地動。所以，這一篇你不需要學會怎麼跑得快，或學會任何一種運動項目，你只需要學會正確地使用自己的身體。

[體能] 提高關節的穩定性、移動性

這是一個重要的開始，你能想像一台連輪子都沒鎖緊的車，上了路後會有甚麼下場吧！所以，這一週先要把自己的「輪子鎖緊、齒輪卡對位置」，包括脊椎、髖關節、肩關節。這些重要的關節，要穩也要能靈活地移動，而且也要讓你的能量提升、代謝能力活絡起來。

[保養] 學會運動後的正確伸展

這週特別要教你運動後，一定要習慣做伸展。一開始，你不必要求自己的身體像瑜珈老師一樣柔軟，只要每次運動後都按照本書的建議動作伸展，花樣不必多，但是要做得夠久、夠放鬆，不要憋氣，你自然而然會進步。

[營養] 水分的補充很重要

要判斷身體的水分夠不夠，最簡單的方法就是看尿的顏色，如果尿液是清澈透明或淡淡的黃色，代表你的水分充足，如果尿液是深黃色，請趕快補充水分。萬一顏色接近褐色，除了需要趕快喝水外，請盡快看醫生。

第2週 讓你動得對、動得穩、動得靈活！

[心理] 感到痠痛、僵硬的原因是缺乏正確的運動

腰痠背痛、肩頸僵硬幾乎是現代人的文明病，但是其中多數的問題都可以透過運動來改善，吃消炎藥、止痛劑只是治標不能治本。

只要用對的方法去活動身體，讓關節的穩定力量、移動能力變好，肌肉用力的方式對了，痠痛、僵硬自然遠離你。

[體能] 加強關節的穩定性、移動性

你會發現，上一週的訓練可能讓身體已經有一點痠，但你應該感覺到是身體裡面痠，越接近脊椎、髖關節、肩關節越痠。如果沒有，我建議你找一個人幫你看一下動作，是不是有按照我說的要點去做。

這一週是上一週的進階，有更多需要你身體裡面的肌肉來做穩定的動作，也有更多的動作讓你的關節移動性變更好。

至於你身體的能量系統呢？就像汽車的電路、油路一樣，你非要讓它們通暢不可，因為那是你身體代謝與能量運用的基礎。其實，有些人常常頭暈、想睡、沒有食慾、心情低落，就是因為「電路」、「油路」不通啊！只要你的能量和代謝系統好了，自然精神飽滿。

[保養] 持續運動後的正確伸展

這週的保養重點還是伸展。因為伸展太重要，一般人卻很容易忽略，伸展肌肉就是把縮短的肌肉拉長，這是增加肌肉長度與刺激肌肉放鬆柔軟的方法，而越長越柔軟的肌肉越有活力，就像鞭子一樣，軟鞭子比較有力！

你可能會覺得伸展有一點難，特別是越不做的人越難，可是請相信我，只要你每次運動後都有伸展，甚至每天你都願意花一點時間做伸展，你一定會進步，身體自然會柔軟，痠痛就會變少。

[營養] 平衡你餐盤中的食物

如果你不是很清楚自己的身體是適合多吃蛋白質還是多吃碳水化合物，最簡單的方法就是均衡法。每次注意自己的餐盤內，四分之一是蛋白質，四分之一是澱粉類，四分之一是蔬菜，四分之一是水果。運動後，可以把蛋白質的比例增加一些。

加強你的核心穩定度！

[心理] 提高你的運動能力就是提高你的健康力

人的健康力是一切的基礎。不論腦力、體力、生產力、或你享受人生的任何方式，你都需要健康力。

你何不每天花二十四分之一的時間，投資在讓自己更健康的運動上呢？身體的運動力提升，就是健康力提升，當健康力提升，就能全面提升你的生活品質。你沒有損失！

[體能] 增強核心力量

身體的運動需要四肢，但是如果沒有了軀幹，四肢該依附在哪？就像大樹需要樹葉才能行光合作用，如果沒有了樹幹，樹葉又該依附在哪？

軀幹，才是身體運動的核心！也是我們運用對地面的反作用力，將下肢的力量傳送到手臂最重要的傳動軸，更是雙腿運動時的基礎！

以脊椎為主的軀幹穩定力量，是我們可以走得穩、跑得快、跳得高的最重要的基本條件。相反地，不穩定的軀幹，也是許多人腰痠背痛最主要的原因之一。

前兩週，其實你已經學到了一些軀幹、髖關節、肩關節的穩定與移動的訓練方法，但這樣還不夠，你還需要更有力的核心力量，將你的軀幹、髖關節、肩關節的力量一起整合成全身可以靈活運用的力量。這就是接下來兩週你要學習的重點。

[保養] 給自己每天八小時的睡眠

如果你問我，身體恢復與保養最重要的事情是什麼？無庸置疑的，就是八小時睡眠。那是身體自我療癒與休養的關鍵。

你或許無法一次真正睡飽八小時。我不否認有些特例，但是對多數人而言，睡八小時比你吃最貴的補藥更有效。而這八小時特別是指，晚上十一點到早上七點。這對現代人有點挑戰，可是問題是，你要不要調整？

[營養] 把三餐變六餐

少量多餐是控制血糖不要忽高忽低的重要原則。

我建議，在你的三餐中間加上點心餐，讓身體幾乎每三到四小時就吃一餐，每一餐最多只吃七分飽，那麼你的身體的血糖就會很穩定，你的身體自然會變好。

整合核心力量，讓運動有扎實的基礎！

基礎篇 第 **4** 週

[心理] 你做得到！你的頭腦和身體同時變年輕了！

或許你還不知道，運動是目前唯一確定，可以讓人不必花大錢就可以「回春」的良方。

運動不只讓你的身體變健康，也會刺激你的大腦增生新的腦神經細胞，如果你在市面上還買不到保證讓你的大腦變年輕、變聰明的藥，那請你試試，科學證明的回春藥方──正確的運動。

[體能] 強化核心力量

這一週仍然以核心力量訓練為主，因為那是一切運動的基礎，也希望你能堅持下去。要求自己動作的品質而不是數量。當你在做我建議的動作時，如果覺得太難、做不到我說的標準，也沒有關係。你可以一次只做一下，把動作做對了，再考慮做兩下。如果有人在一旁看你的動作，幫你矯正姿勢最好。

[保養] 知道何時冰敷？何時熱敷？

運動後有時候難免會有痠痛或受傷，在你問醫生前，你可以先冰敷或熱敷。

冰敷和熱敷，最重要的原則是，急性或還在發炎，適合冰敷；慢性或已不再發炎，適合熱敷。若介在這兩者之間，而你不太確定，那就冰熱交替。

最常見的運動保養問題就是抽筋，當身體不再抽筋後，該冰敷還是熱敷呢？依照上面的原則，答案是要冰敷。

[營養] 你必備的好油

人需要好油，不是少油。最不適合人類的油就是人造油、反式脂肪、高溫炸過的油、和過度精緻的油。所以，要健康，我推薦橄欖油和魚油，而人造奶油、麵包上常用的酥油、炸雞的油都要少碰。每個人都要天天吃好油。它們是降低體脂肪和增加身體免疫系統很重要的元素。

3

基礎篇

01 站姿

把關節放對位置。

▶ 雙腳張開與肩同寬，抬頭挺胸，肩胛骨往後往下放，讓雙肩同高，兩手自然擺放身體兩側，前後重心擺在兩腳的足弓處，左右重心擺在兩腳之間，膝蓋與腳尖朝前，腹部微縮，將脊椎挺直。每次維持30秒。

Point 想像有一條鋼絲在你的頭頂正上方，將你的頸椎、胸椎、腰椎向上垂直拉起。同時肚臍向內縮，感覺幾乎要碰到脊椎。

動作類型
訓練體態
使用工具
無
訓練量

3 ～ 6次

每做完一次動作，
休息10 ～ 30秒。

教·練·叮·嚀

最好照鏡子做動作，觀察自己的肩膀是否左右對稱，胸部是否張開，脊椎是否挺直，臀部會不會太翹或太扁，膝蓋有沒有左右一樣高。雖然腹部要緊縮，但仍然保持正常呼吸。

3 — 基礎篇

基礎篇動作

02 運動蹲姿

▶ 雙腳張開約肩的一倍半寬，抬頭挺胸，縮小腹，臀部往下往後坐，像坐椅子一樣，膝蓋彎曲放輕鬆與腳尖朝前。雙手放在胸前，保持平衡。

 Point 腹部與臀部是整個動作的穩定基礎，時間長一點，會感到臀部與大腿痠，但是膝蓋不會有壓迫感。

3

—

基
礎
篇

動作類型
訓練體態

使用工具
無

訓練量

3 ～ 6次

每做完一次動作，
休息10 ～ 30秒。

教·練·叮·嚀

這樣的姿勢，可以讓身體保持最好的穩定性，同時兼具運動時的機動性。不要過度挺腰，避免腰椎壓力太大且容易受傷。當身體下蹲時，上半身依然保持抬頭挺胸，重心要穩定擺在雙腳的足弓處。雖然腹部要緊縮，但保持正常呼吸。

03 弓箭步

1. 把關節放對位置。
2. 雙腳一前一後下蹲時，依然保持身體穩定。

▶ 從站姿開始，抬頭挺胸，腰椎打直，縮小腹。一腳向前跨一大步，雙手插腰，身體垂直往下沉。重心80%擺在前腳的足弓處，重心20%擺在後腳腳尖，後腳膝蓋離地約一個手掌距離且腳尖朝前，前腳膝蓋與腳尖朝前。

教·練·叮·嚀

在動作的過程中，注意重心的轉移，讓最多80%的重心落在前腳的足弓位置。身體可以微微前傾，但上半身要保持挺直，雖然腹部要緊縮，但保持正常呼吸。不要過度挺腰，避免腰椎壓力太大且容易受傷。

動作類型
訓練體態

使用工具
無

訓練量
3 ～ 6次，換腳再做

每做完一次動作，休息10 ～ 30秒。

Point 前腳臀部是啟動「推起」與「下沉」的主要力量，但是膝蓋不會有被壓迫的不適感。

3
｜
基
礎
篇

04 蹲姿側走舉手

1. 髖的穩定性與移動性。
2. 軀幹的穩定性。
3. 肩胛骨與胸椎的穩定性與移動性。

1

▶ 運動蹲姿，縮小腹，上半身保持抬頭挺胸。將雙手舉起，四指握拳拇指朝上、手肘微彎。

動作類型
預先強化

使用工具
無

訓練量
3 ～ 6組

（向右側走4～6步，再向左側走4～6步，為一組。）

3
—
基
礎
篇

▶ 啟動左臀將身體向右推動，右腳順勢向右橫跨一步，將身體向右推動，身體的高度不變，維持蹲姿向右側走，重心一直維持在雙腳的足弓處，收回雙手再回到動作1。

Point 手臂向兩側舉起，啟動的力量是肩胛骨。

Point 雙臀是啟動身體的主要力量，向右側移動時，左臀是將身體推向右的力量來源。

教·練·叮·嚀

不要過度挺腰，避免腰椎壓力太大且容易受傷。在動作的過程中，注意重心穩定在足弓位置。側向移動需要保持軀幹的穩定，所以要維持腹部緊縮，用胸腔呼吸。

05 下蹲抬手

1. 髖的穩定性與移動性。
2. 軀幹的穩定性。
3. 肩胛骨與胸椎的穩定性與移動性。

▶ 雙腳張開約肩的一倍半寬，抬頭挺胸，腰椎打直，縮小腹。將臀部往下往後坐，像坐椅子一樣，同時雙手四指握拳拇指朝上、手肘微彎，向前抬起。重心維持在雙腳的足弓處，大腿與地面接近平行，停住2秒後，雙臂用力將身體「推起」，雙手放下回到準備動作。

3

基礎篇

動作類型
預先強化
使用工具
無
訓練量

1組4～6次
（重複3～4組）

教·練·叮·嚀

不要過度挺腰，避免腰椎壓力太大且容易受傷。在動作的過程中，重心要穩定在足弓位置，身體下蹲時，保持縮小腹，手臂向前抬起時，依然抬頭挺胸。

06 弓箭步擴胸

1. 髖的穩定性與移動性。
2. 軀幹的穩定性。
3. 肩胛骨與胸椎的穩定性與移動性。

1

▶ 縮小腹，抬頭挺胸，右腳向前跨一大步，兩臂張開，手掌朝上，手肘微彎，向身體兩側平舉做擴胸的動作。

動作類型
預先強化

使用工具
無

訓練量
1組左右
各3～6次
（重複3～6組）
右腳動作後，換左腳。

3 — 基礎篇

2

▶ 身體下沉，使身體呈雙臂平舉擴胸的弓箭步，停住2秒後，前腳臀部用力將身體推起，回到前面動作1。

Point 前臀是啟動身體的主要力量。

Point 手臂水平舉起擴胸，胸大肌有被伸展的感覺。

教·練·叮·嚀

不要過度挺腰，避免腰椎壓力太大且容易受傷。在身體下沉的過程中，注意重心80%在前腳足弓位置。維持腹部緊縮，以保持上半身與腰椎的穩定。手臂做擴胸動作時，依然抬頭挺胸，將胸廓張開。

07 前跨步伸展

1. 軀幹、髖關節、肩關節的整體穩定性與移動性。
2. 全身主要運動肌群做動態伸展。

1 ▶ 一腳向前跨一大步,膝蓋呈90度,後腳打直,雙腳腳尖朝正前方,雙手與肩同寬,並置於前腳同側,縮小腹,挺胸背打平,保持正常呼吸,維持2秒。

3 —— 基礎篇

動作類型

· 預先強化(基礎篇)
· 熱身(進階篇、精進篇)

使用工具

無

訓練量

左右
各2~3次

右腳動作後,換左腳。

2

▶ 將前腳同側之肩膀下壓，讓手肘盡可能與前腳腳踝接觸，
維持2秒。再將前側手往身體另一側伸直，維持2秒。

3

▶ 身體反方向旋轉至極限，前側手伸直向上延伸，維持2秒。

Point 身體旋轉時，要用腰部的力量帶動肩膀的旋轉，使身體完全伸展。

4 ▶ 雙手回到腳兩側，前腳勾腳尖，後腳踮腳尖，盡可能把雙腳伸直，將臀部往上延伸至極限，維持2秒。

教·練·叮·嚀

這個動作需要穩定與伸展同時完成，不必要求第一次就做到完美，但在每一個分解動作時，盡量做到自己的極限。所有的動作過程，都要保持正常呼吸，不可以憋氣。

08 後跨步伸展

1. 軀幹、髖關節、肩關節的整體穩定性與移動性。
2. 全身主要運動肌群做動態伸展。

1

▶ 一腳向後跨出一大步，將身體垂直下沉，使前後腳膝蓋幾乎呈90度，後側手向上伸直，同時後膝向下延伸，停留2秒。身體再向前腳側彎曲，前側手盡量向後腳膝蓋接近，停留2秒。

Point 當身體側彎時，會感覺到從手臂到腰間很強的伸展。

3
基礎篇

動作類型
・預先強化（基礎篇） ・熱身（進階篇、精進篇）
使用工具
無
訓練量
左右 **各2～3次** 右腳動作後，換左腳。

2

▶ 身體回正，水平伸直前側手，身體向拇指後方旋轉，眼睛隨著身體的轉動直視大拇指，到極限停留2秒。再回到正面，前腳臀部與大腿同時用力將身體向後推動，前腳順勢向後跨一大步，做另一側的動作。

教·練·叮·嚀

當身體做向後旋轉時，要先啟動腹部旋轉的力量來帶動肩膀的旋轉，然後再加強肩膀的旋轉，眼睛要盯著旋轉手臂的大拇指，跟著身體的旋轉。記得保持正常呼吸，不可憋氣。

3
——
基
礎
篇

09 側跨步伸展

1. 軀幹、髖關節的穩定性與移動性。

2. 大腿內側肌群做動態伸展。

1

▶ 縮小腹，保持正常呼吸，右腳向右側跨出一大步，抬頭挺胸，維持身體挺直，膝蓋放鬆，同時雙手於胸前抱拳以平衡全身重心。

動作類型

· 預先強化（基礎篇）

· 熱身（進階篇、精進篇）

使用工具

無

訓練量

左右
各4～6次

右腳動作後，換左腳。

2

▶ 將臀部向下蹲，雙腳膝蓋、腳尖保持朝正前方，將90%重心移動到右腳足弓，身體偏向右側，左腳保持伸直，臀部往下、往後坐到最低，同時讓右膝位於右腳大拇指的正上方，雙手抱拳，停留2秒。最後，右臀用力將身體向上推起，讓身體回到抱拳站姿。

教·練·叮·嚀

整個動作，從頸椎、胸椎到腰椎都要保持挺直，肩胛骨置於肩膀後方並下壓，抬頭挺胸。保持正常呼吸，不可憋氣。

Point 當重心在右側時，右側臀部與大腿是身體的主要支撐力，左腿內側有被伸展的感覺。

10 手走路

1. 軀幹、髖關節的穩定性與移動性。
2. 大腿後側肌群做動態伸展。

動作類型

· 預先強化（基礎篇）
· 熱身（進階篇、精進篇）

使用工具

無

訓練量

3 ～ 6次

1 ▶縮小腹，身體下彎讓手掌接觸地面，手掌越接近雙腳越好，但雙腳須保持伸直。

2 ▶ 雙手向前移動，在維持身體穩定的前提下，盡量讓手走至離身體最遠處，一直到身體與地面幾近水平，停留2秒。

Point 緊縮腹部以強化身體核心力量，才能支撐身體與地面保持水平。

3

▶ 雙手固定不動，膝蓋保持伸直，僅用腳踝向前走，使臀部越來越高。在膝蓋不彎曲的前提下，腳踝走至最接近手的位置，然後雙腿用力將臀部推高，臀部往上延伸，使雙腳伸直。停留2秒。

Point 當腳與手最接近時，臀部推至最高，會感覺到腿後側肌群的強力伸展。

教・練・叮・嚀

不管是用手或腳踝走路時，身體都要保持最少的晃動。仍然保持正常呼吸，不可憋氣。

11 反向腿後伸展

1 ▶ 站姿，縮小腹，保持正常呼吸，雙手向身體兩側平舉，四指輕輕握拳，大拇指朝後；一腳站立膝微彎，另一腳的膝蓋伸直並勾腳尖微微離地，讓腳尖置於站立腳跟旁。

動作類型

· 預先強化（基礎篇）
· 熱身（進階篇、精進篇）

使用工具

無

訓練量

左右
各2～3次

右腳動作後，換左腳。

2

▶ 軀幹向前傾，保持脊椎打直、頭頂至離地腳跟呈一直線，盡可能與地面呈水平，站立腳要維持身體平衡，維持2秒。臀部使力將身體向上挺直，回到動作1，換另一腳動作。

Point 感覺支撐腳的腿後側肌群被明顯強力地伸展。

教・練・叮・嚀

此動作的重點在軀幹與髖關節的穩定力量與平衡感。身體要保持最少的晃動及最少的髖關節翻轉，手臂與身體必須呈90度，緊縮腹部可以強化核心的力量，讓身體與地面保持水平。仍然要保持正常呼吸，不可憋氣。

12 正面搭橋

1

▶ 身體趴下，手肘置於雙肩正下方，使上半身離地。收下顎，使頸椎與胸椎保持同一平面，雙腳與肩同寬，勾腳尖使腳尖頂地。

3
—
基
礎
篇

動作類型
預先強化
使用工具
無
訓練量
2 ～ 3次
每次支撐身體 10 ～ 40秒。

2

▶ 緊縮腹部，保持正常呼吸，手肘用力向下撐住地面，將身體挺至最高，全身保持挺直，像一塊扎實的鋼板，維持 10 ～ 40 秒。

Point 動作時會感到側腹部裡面最深的肌肉最痠，以及負責支撐的肩關節會比較痠。

教・練・叮・嚀

把身體想像成一塊非常扎實的鋼板。緊鎖腹部的力量，同時將臀部緊縮，手肘往下頂地。特別注意的是，腰椎不可以太凹陷，也不可以太彎曲。

13 側面搭橋

1 ▶ 身體側躺，右手肘置於右肩正下方，使上半身離地。收下顎，使頸椎與胸椎保持在同一平面。右側髖部至腳踝貼地，雙腳並攏勾腳尖。左手插腰。

動作類型
預先強化
使用工具
無
訓練量
2～3次
每次支撐身體10～40秒。

3
—
基
礎
篇

2

▶ 緊縮腹部，保持正常呼吸，右手肘用力向下撐住地面，將身體
側向挺至最高，全身保持挺直，像一塊扎實的鐵板。

Point 動作時會感到側腹部裡
面最深的肌肉最痠，以及負責
支撐的肩關節會比較痠。

教·練·叮·嚀

跟正面搭橋動作一樣，把身體想
像成一塊非常扎實的鋼板，耳朵、
肩、髖、膝、踝要保直在一條直線
上。緊鎖腹部的力量，同時將臀部
緊縮，手肘往下頂地。特別注意的
是，側腰椎不可以太凹陷，也不可
以太彎曲。

14 臀部搭橋

1. 軀幹、髖關節的穩定性。
2. 訓練臀部伸張力量。

1 ▶ 身體平躺,雙腳張開與髖同寬,彎曲雙膝呈90度,勾腳尖,雙手置於身體兩側,掌心朝上。

3
基礎篇

動作類型
預先強化
使用工具
無
訓練量

2～3次

每次支撐身體
10～40秒。

2

▶ 緊縮腹部，保持正常呼吸，用臀部力量將身體用力挺起，只有肩膀以上及腳跟著地，肩膀以下到膝蓋則保持挺直，像一塊扎實的鐵板。

Point 感覺到臀部的肌肉最痠。

教·練·叮·嚀

把身體想像成一塊非常扎實的鋼板，當腹部緊縮，利用臀部力量將身體往上挺直時，軀幹要穩定而不晃動。切記，不可以用腰椎伸張的力量來取代臀部啟動。過程中要保持正常呼吸，不可憋氣。

15 四足跪姿畫圓

1 ▶ 手掌與膝蓋四點著地，勾腳尖。身體呈四足跪姿，大腿、手臂分別與軀幹呈90度，背部保持水平。接著緊縮腹部，保持正常呼吸，啟動髖關節將左臀向外張開，到極限後，停2秒。

3

基
礎
篇

動作類型
預先強化
使用工具
無
訓練量

4 ～ 8次

右腳動作後，換左腳。

2

▶ 將左腿往後伸直，停2秒。

3

▶ 收左腿讓左膝盡量接近胸部，停2秒。再回到動作1。

教·練·叮·嚀

當腹部緊縮，臀部啟動將腿往外張、往後伸直、屈膝接近胸部時，軀幹要穩定不晃動，特別注意骨盆與腰椎是否因腿的活動而不穩定。全程保持正常呼吸，不可憋氣。

1. 軀幹、髖關節、肩關節的穩定性
2. 軀幹旋轉訓練。

16 四足跪姿對側接觸

1

▶ 手掌與膝蓋四點著地，勾腳尖。身體呈四足跪姿，大腿、手臂分別與軀幹呈90度。背部保持水平。接著緊縮腹部，保持正常呼吸，啟動左髖關節將左腿向後伸直，同時將右手向前伸直，停2秒。

動作類型
預先強化
使用工具
無
訓練量

兩側各 4 ～ 8次

左腿右手接觸後，
換右腿左手接觸。

3 — 基礎篇

2

▶ 同時收左腿與右手，讓左膝與右手肘接觸，停2秒。再回到動作1。

Point 膝蓋與手肘接觸的過程中，腳踝也要保持勾腳尖。

教·練·叮·嚀

這個動作強調軀幹穩定，且脊椎最小的屈曲下，支撐地面的肩膀與髖關節的穩定性，以及離開地面的肩膀與髖關節屈曲的移動能力。

訓練目的 》

17 四足跪姿單手抱頭旋轉

1. 軀幹、髖關節、肩關節的穩定性。
2. 軀幹旋轉穩定與移動性訓練。

3 — 基礎篇

動作類型
預先強化

使用工具
無

訓練量
左右各 **4 ～ 8次**
左側動作後，換右側。

1

▶ 手掌與膝蓋四點著地，勾腳尖。身體呈四足跪姿，大腿、手臂分別與軀幹呈90度，背部保持水平。舉起一手臂，輕觸同側耳後，緊縮腹部，保持正常呼吸，將身體轉向外側，手臂朝上舉，手肘盡量向上張開到極限後，停2秒。

2

▶ 將身體轉向內側，手臂隨著身體朝內，盡量接近腹部，
停2秒。再回到動作1。

教·練·叮·嚀

旋轉的過程中，維持正
常呼吸，保持骨盆的穩
定。當軀幹做旋轉時，
力量要從腹部啟動，先
轉動腰椎，然後才是胸
椎。

18 直背前傾

1. 軀幹穩定性
2. 強化腹部穩定力量

1 ▶ 身體平躺，右腳伸直，左膝彎曲，雙腳皆勾腳尖，雙手掌心朝下，置於腰椎下方與地面平貼，手肘輕靠地面，軀幹挺直。

動作類型
預先強化
使用工具
無
訓練量

4 ～ 8次

休息5 ～ 10秒，交換伸直腳，再做一次動作。

2 ▶ 緊縮腹部，保持正常呼吸，右腳用力挺直且腳尖往前勾，啟動腹部將軀幹用力挺起，在不彎曲軀幹的前提下，使上半身離地到你的極限，停住4～8秒後，保持腹部穩定不離地，緩慢的將軀幹放回地面。

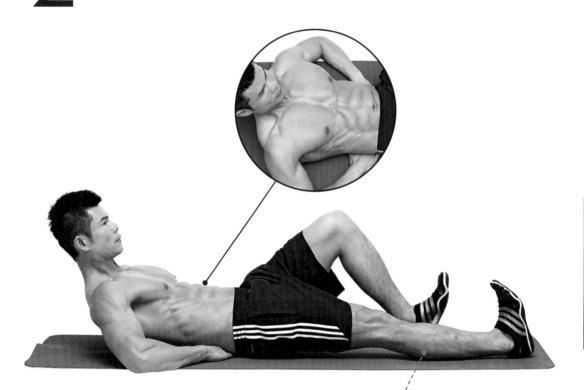

Point 伸直腳要有用力挺直的感覺。

教·練·叮·嚀

當腹部緊縮將身體往上抬起時，要抬頭擴胸，使軀幹保持穩定，不讓頸椎、脊椎捲曲。如果力量不足以維持軀幹不彎曲，可用手肘協助。骨盆與下半身要維持穩定。過程中保持正常呼吸，不可憋氣。

訓 練 目 的 »

強化腹部捲曲力量

19 捲體

1 ▶ 身體平躺，雙膝彎曲約呈90度，雙腳勾腳尖，腳跟著地與髖部同寬。雙手輕觸耳朵，將手肘張開平貼於地面，軀幹保持挺直。

動作類型
預先強化
使用工具
無
訓練量

4 ～ 8次

身體捲曲與展開
算一次。

2 ▶ 緊縮腹部，保持正常呼吸。啟動腹部，依序將肩膀、胸椎、肋骨捲曲，使上半身離地到你的極限，停住約2秒後，保持腹部穩定不離地，緩慢地展開軀幹，依序將下背、肩胛骨、肩膀、手肘放回地面。

Point 身體捲曲和展開時，頸椎要保持平躺時的角度，不可縮下巴。

教・練・叮・嚀

捲曲身體時，從胸椎開始，由上而下，將一節一節的脊椎捲起來。展開身體時，由下而上，將一節一節的脊椎展開並挺直。骨盆與下半身要維持穩定。過程中保持正常呼吸，不可憋氣。

20 海星式

脊椎、髖關節、肩關節同時伸張訓練。

---

1 ▶ 身體趴下，臉朝下，雙手雙腳同時張開，讓四肢皆呈45度，雙手四指握拳大拇指指向天空，雙腳勾腳尖，使腳尖頂地。

動作類型
預先強化
使用工具
無
訓練量
4～8次

2

▶ 緊縮腹部，保持正常呼吸，將軀幹、四肢同時用力上挺起，將頭部、四肢挺至最高，停住2秒後，放鬆身體，回到動作1。

Point 感覺好像把整個脊椎，從頸椎、胸椎、腰椎向身體後方伸張呈一個圓弧型，只有腹部著地。

教·練·叮·嚀

緊鎖腹部的力量，同時將臀部緊縮，雖然動作是要把頭與四肢挺至最高，但力量的來源還是在腹部、肩胛骨、髖關節。過程中保持正常呼吸，不可憋氣。

[基礎篇訓練課表] 打造身體成為實用車，順利上路

週次		基礎班第一週 提高關節的穩定性、移動性＋能量系統之有氧能力					基礎班第二週 加強關節的穩定性、移動性＋能量系統之有氧能力				
日期		第一天	恢復日	第二天	恢復日	第三天	第一天	恢復日	第二天	恢復日	第三天
熱身運動		A類熱身					A類熱身				
能量系統訓練（ESD）			Z1:慢跑 20～30分鐘		Z1:慢跑 20～30分鐘			Z1:慢跑 20～30分鐘		Z1:慢跑 20～30分鐘	
體態	1.站姿	●	●	●	●	●		●		●	
體態	2.運動蹲姿	●	●	●	●	●		●		●	
體態	3.弓箭步	●	●	●	●	●		●		●	
預先強化	4.蹲姿側走舉手	●		●		●	●		●		●
預先強化	5.下蹲抬手	●		●		●	●		●		●
預先強化	6.弓箭步擴胸	●		●		●					
預先強化	7.前跨步伸展						●		●		●
預先強化	8.後跨步伸展						●		●		●
預先強化	9.側跨步伸展	●		●		●	●		●		●
預先強化	10.手走路	●		●		●	●		●		●
預先強化	11.反向腿後伸展										●
預先強化	12.正面搭橋	●					●				●
預先強化	13.側面搭橋			●					●		
預先強化	14.臀部搭橋					●					●
預先強化	15.四足跪姿畫圓										
預先強化	16.四足跪姿對側接觸										
預先強化	17.四足跪姿單手抱頭旋轉										
預先強化	18.直背前傾										
預先強化	19.捲體										
預先強化	20.海星式										
當天訓練動作數合計		9	3	9	3	9	7	3	7	3	9
緩和運動		緩和					緩和				

（主訓練：1～3為「體態」，4～20為「預先強化」）

- 每週建議選三天運動，穿插在這三天中間的兩天是「恢復日」，用「熱身＋慢跑＋緩和」來當動態恢復。
- 運動前先熱身（分A、B、C三類，見熱身篇）。當天訓練結束後，務必做緩和動作（見緩和篇）。
- 能量系統訓練（ESD）也就是「心肺訓練」，你可以慢跑、騎腳踏車、踏步機……或做其他類似的運動。
  - 【Z1強度】：心跳落在有氧運動較低強度的範圍內，最大心跳率的60～70%。
  - 【Z2強度】：心跳落在有氧運動較高強度的範圍內，最大心跳率的71～80%。
  - 【Z3強度】：心跳落在無氧運動強度的範圍內，最大心跳率的81～90%。
- 表格最右邊的合計，可知道按照四週的課程，總共可以運動幾天，而每一項動作會做幾天，以了解課程安排的重心。
- 表格最下方的當天訓練動作數合計，數字越多表示越累，訓練動作也越豐富。

	基礎班第三週 增強核心力量＋能量系統之有氧能力					基礎班第四週 強化核心力量＋能量系統之有氧能力					合計
	第一天	恢復日	第二天	恢復日	第三天	第一天	恢復日	第二天	恢復日	第三天	20天運動：12天主訓練＋8天恢復日（慢跑）
	A類熱身					A類熱身					共20天熱身運動
		Z1:慢跑 20～30分鐘		Z1:慢跑 20～30分鐘			Z1:慢跑 20～30分鐘		Z1:慢跑 20～30分鐘		共8天能量系統訓練
		●		●			●		●		11
		●		●			●		●		11
		●		●			●		●		11
											6
											6
											6
	●		●		●	●		●		●	9
	●		●		●	●		●		●	9
	●		●		●	●		●		●	9
	●		●		●	●		●		●	8
	●		●		●	●		●			6
	●		●		●	●		●		●	9
			●		●	●		●		●	8
					●	●		●		●	6
	●				●	●				●	4
	●		●			●				●	4
	●		●		●					●	4
						●		●		●	4
						●		●		●	3
						●		●		●	3
	8	3	9	3	10	12	3	11	3	12	
	緩和					緩和					共20天緩和運動

第 4 章

進階篇

強健體魄、雕塑
力與美的進階挑戰

4
進 階 篇

你有運動習慣，但是肌肉卻不夠厚實有力？
請你從這裡開始！

四週強化你的功能、
肌肉、力量！

如果，你已經完成了基礎篇的四週課程，接下來這四週的進階篇，將開始強化
你身體外觀與提升運動品質。

常常聽到有人抱怨……

「我常常運動，可是怎麼一直都不長肌
肉？」

「我練出一點肌肉，卻反而變得沒力？」

「為什麼我一直覺得越練越累？好像快要受
傷了……」

進階篇訓練目的：

給有運動習慣的你，不再抱怨沒
肌肉、沒有力或怕受傷，只要目
標明確，認真從這四週的課程學
起，你會發現並沒有想的那麼
難。

或許，你已經有運動習慣，基礎篇對你而言
太簡單，但是運動卻帶給你一點點困擾，也許你
很怕運動傷害，也可能運動後，得不到理想效果。如果你有這種感覺，別灰心，其實，
有運動習慣已經很值得肯定了！只要找對方法，重視細節，你的疑惑將會迎刃而解，
請從這四週的課程開始吧！

因為這一篇，就是要教你如何把身體的肌肉、力量練起來，在強化你的身體各部位
關節的功能下，給自己一個強健的體魄和有效率的運動能力。

若用汽車來比擬，你不只是一部電路、油路順暢，四輪傳動有效率的實用車，現在
你將進階為功能齊備，具有強而有力的加速性，且外觀看起來很流線的路跑車。

進階篇訓練目的：你的身體與車的對比

你的身體	路跑車
強化關節功能正常	讓齒輪靈活運轉且牢牢緊扣
利用穩定的核心產生力量	讓傳動軸與馬力的輸出配合無間
提高能量系統的有氧與無氧能力運用	提高換檔順暢性與加速性
增加肌肉量與力量	提升馬力
讓你的外型更精實	讓車的外型更流線

　　在這四週的進階規劃中，運動健護的心理、體能、保養、營養都要同時重視，雖然介紹體能訓練的字和圖占多數，但是其他部分也是同等重要的，需要你在日常生活裡實踐。

　　以下的這個表，就是這四週的課程大綱，在心理、體能、保養、營養四大主軸，每一週都有一個主要的目的。

　　所以，你只要保持簡單，達到目的、有效果最重要，而不是要做很多動作。

進階篇訓練計畫

週數		第一週	第二週	第三週	第四週
進階篇四週訓練目的		打造身體裡層的深厚力量！	建構彈性的力量！	精簡身體不需要的東西！	鍛鍊肌肉也要增加力量！
運動健護四主軸	心理	想把樓蓋越高，地基就要打得越深	別想控制你控制不了的事	簡單化就可以效率化	內在與外表兼具才是美
	體能	全面啟動預先強化	讓力量更有彈性	讓肌肉精實且靈活	增加肌力與肌肉
	保養	訓練與恢復並重	靜態休息與動態恢復	給自己心靈一個空間休息	運動前的熱身是保養的開始
	營養	運動前、中、後的飲食調整	你可以選擇的運動補給品	蔬果與蛋白質並重	食物的烹調方式決定營養高低

如何進行進階篇四週訓練

讓我們開始這四週進階篇的運動健護課吧！

進階篇 第1週 打造身體裡的深厚力量！

[心理] 想把樓蓋越高，地基就要打得越深

大家都知道「萬丈高樓平地起」，若能把人生的知識與智慧學得越深，我們生命的價值就會越高。運動其實也是一樣，如果想要鍛鍊好身體，就要將身體的地基打得深，也就是身體深層的穩定肌肉和可以活動自如的關節。身體的地基打得越深，運動表現就會越好。只是一味地追求表面肌肉的尺寸，而忽略身體的地基，那麼你的身體不一定會變好，相反地，受傷的機會卻因此大增。

[體能] 全面啟動預先強化

「預先強化」就是為運動或生活中可能的傷害打預防針，如果這項重要的運動基礎不夠穩固，運動或生活的動作可能會讓你一不小心就受傷。所以，這一週我希望你不只學會預先強化的動作，更要提高動作的品質，請不要執著於「做幾次」，而應該把注意力放在「做對」。

[保養] 訓練與恢復並重

運動與恢復哪一個重要？這個和問「白天和黑夜哪一個重要？」一樣，答案是都重要！因為運動和白天一樣，都在消耗你的體力，會讓你的能量漸漸降低；恢復和黑夜一樣，是讓我們的身體提升能量、促進成長。這道理簡單，但會這樣做的人卻很少，從這一週起，一定要養成「運動後伸展、運動後當晚早點睡」的好習慣。讓運動後的身體有機會休養、修復肌肉，運動才有意義也才能持續。

[營養] 運動前、中、後的飲食調整

運動營養的基礎是符合你自己身體需求的「均衡飲食」。運動前，可以提高澱粉類食物的比例，特別是你喜歡吃的食物，那會讓你在運動前的心情變得更好（但是過度精緻的甜點類食物，即使你喜歡，還是不建議吃）。運動中，補充水分與容易吸收的熱量來源最重要，香蕉、熱量補充包是不錯的選擇。運動後，為了修復肌肉與提升免疫系統，可以提高優良蛋白質的比例。以乳清蛋白、蔬果和些許澱粉食物來當作運動後的一餐，也是不錯的選擇。

建構彈性的力量！

[心理] 別想控制你控制不了的事

我們總是期盼事情能按照自己的希望進行，卻不是每件事情都能如願以償。因為事情的發展總有一些不是我們可以控制的，如果一直執著於自己無法控制的部分，卻忽略了掌握在手中的部分，那麼很難會有事情是令你滿意的。

現在你正在為什麼事努力嗎？我建議你，拿出一張紙，把事件中你不能控制的部分寫在左邊，把你可以控制的部分寫在右邊，請你專心、用心地把右邊的每一項做好，那麼你心想事成的機會就會非常大。

[體能] 讓力量更有彈性

傳統上，「重量訓練」就是鍛鍊肌肉，可是我想微調一下這樣的想法，如果練肌肉可以讓自己更有力量，那麼肌肉才是「活的」。如果活的肌肉能夠有更好的彈性，那麼肌肉就更有爆發力。在這一週，我將介紹讓肌肉更有彈性的訓練方法，使你的肌肉不只有型，還要有力、有爆發力。

[保養] 靜態休息與動態恢復

身體需要休息也需要保養。最重要的休息，是好品質的睡眠。最重要的動態恢復，就是輕度運動加伸展。

睡覺可以讓肌肉與免疫系統有好的恢復。輕度運動加伸展則可以讓肌肉保持好的彈性與長度、讓神經與循環系統維持正常功能。所以，靜態休息與動態恢復需要並重。

[營養] 你可以選擇的運動補給品

運動補給品的種類很多，也都號稱可以提升運動表現，但只有少數的補給品被證明是有效的。其中最知名且普遍的就是咖啡因和肌酸。咖啡因常見於咖啡、巧克力、茶之中，運動前適量的攝取，可以提振精神，對於耐力運動的運動表現有幫助。肌酸可以增加身體的肌肉量，對於爆發力的運動項目有幫助。

以上兩種，我建議你可以考慮攝取，但仍需請教專家如何使用。

第3週 精簡身體不需要的東西！

[心理] 簡單化就可以效率化

簡單就是力量。運動和生活是一樣的。運動的基本且重要的動作，通常都非常簡單，但這樣的簡單卻是所有「不簡單」的基礎。在生活中，往往越是複雜的事情越需要簡單化，而越簡單就可以越有效率。

所以，如果你希望透過運動來改變人生，那最方便有效的方法就是，保持簡單的運動方式和生活型態，這樣你可以空出更多時間來享受生活。

[體能] 讓肌肉精實且靈活

肌肉是身體力量的來源，但是越大的肌肉卻不一定代表越大的力量，更不一定代表越靈活的身體。

在運動健護的訓練中，有效率是很重要的事。動作要有效率，肌肉就會按照動作的需求長出精實的肌肉。而有效率的動作配合精實的肌肉，運動就會變得有效率且靈活。所以，你只需把動作做對、做好，按部就班，你的身體自然會很輕巧。

[保養] 給自己心靈一個空間休息

保養，對許多人而言都是身體上的事情。但是，找一個讓自己的心靈可以百分之百放鬆的地方和方式，也是使身體恢復與保養的重要事情。它可能是：咖啡廳、電影院、小公園、家裡的客廳或是個人的私密房間等等，也就是專屬於你的心靈休息站，不管你有多傷心、沮喪，只要一進到這個空間，就可以重新開始。

[營養] 蔬果與蛋白質並重

運動後，需要補充蛋白質，肌肉與免疫系統才容易恢復與重建，但是蛋白質屬於酸性食物，需要蔬菜與水果等鹼性食物來平衡。攝取蔬果不只可以平衡身體過酸的現象，也可以提供充分的礦物質與纖維素幫助腸胃的蠕動與消化。其中，水果所含的天然酵素有助於身體對蛋白質的吸收。所以，提高蛋白質的攝取時，也要同時提高蔬果的攝取量，幫助身體恢復得更好、更平衡。

第**4**週 鍛鍊肌肉也要增加力量！

[心理] 內在與外表兼具才是美

　　「金玉其外，敗絮其中」的東西，相信大家都不喜歡。因此運動健護的想法是，內外兼具才是真美。不管女人或男人，我們不只要有好身材也需要有健康的身體，同時重視心理的愉快。事實上，身心是不可分的，身體的運動表現與肌肉線條也會相互影響。若是過度重視肌肉的大小而忽略身體本身的功能，太過強調身體的強壯而忽視了心理的健康，那麼我們的身心、內外就會不平衡，人也不會散發出真實的美麗。

[體能] 增加肌力與肌肉

　　愛好健身的人，喜歡鍛鍊肌肉。但是，鍛鍊肌肉可不可以增加肌力？答案是：不一定！因為，大的肌肉雖然可以負荷比較重的重量，但是若將身體的肌肉分塊鍛鍊，那麼需要眾多肌肉同時作用的日常生活或多數的運動，就不一定可以發揮更好的力量。所以，這週要開始鍛鍊肌肉，同時兼顧全身力量的協調與運用。才可以在讓肌肉變大的同時，也增加肌力。

[保養] 運動前的熱身是保養的開始

　　大家都認為運動後的身體保養重要，但要從何時做起？答案是：運動前的熱身！因為最重要的保養原則是：避免受傷，而運動中最大的風險是受傷，傷害後的復原代價可能數百倍於保養所需要的付出。充足的熱身正是避免受傷最重要的因素之一。所以，先把熱身做好、做足且做對，不只可以降低運動傷害的機率，還可以提升運動表現，是最值得花時間的保養投資。

[營養] 食物的烹調方式決定營養高低

　　吃水煮蛋時，許多人不吃蛋黃，但是吃荷包蛋、炒蛋或菜脯蛋時，對蛋黃則是欣然接受。可是，你知道嗎？水煮的蛋黃比煎過、炒過的荷包蛋、炒蛋要健康營養多了！關鍵在「烹調的方式」。蛋、魚肉、牛肉等有豐富的蛋白質，蔬菜則含豐富的纖維素和礦物質，但過度的煎、煮、炒、炸，再營養的食物對身體都不好。運動對身體的健康有幫助，可是運動後若肆無忌憚的亂吃東西，特別是煎炸的食物，到頭來身體還是不會健康。

01 正面搭橋抬手抬腿

訓 練 目 的 »

1. 軀幹、髖關節、肩關節的穩定性。
2. 強化腹部與軀幹旋轉的穩定力量。

1 ▶ 身體趴下，手肘至於雙肩正下方，上半身離地。收下顎，使頸椎與胸椎保持在同一平面。雙腳與肩同寬，勾腳尖使腳尖頂地。緊縮腹部，保持正常呼吸，手肘用力向下撐住地面，將身體挺至最高，全身保持挺直。

動作類型
預先強化
使用工具
無
訓練量
3 ～ 4次
（四肢輪流離地後算一次） 每次間隔休息30 ～ 60秒。

2

▶ 將右手肘離地伸直，手掌握拳大拇指朝上，然後收回右手，換左手。收回左手，換左腳抬起，最後換右腳。每次手或腳離地撐6～10秒。

伸右手

Point 腰椎不可以太凹陷，也不可以太彎曲，盡可能保持腰部呈一個平面。

伸左手　　抬左腳　　抬右腳

教·練·叮·嚀

把身體想像成一塊非常扎實的鋼板，與地面水平，即使手或腳離地，依然保持軀幹穩定。緊鎖腹部的力量，並緊縮臀部，手肘往下頂地。保持正常呼吸，不可憋氣。

02 側面搭橋抬腿

訓 練 目 的 »

1. 軀幹、髖關節、肩關節的穩定性。
2. 強化腹部側面與臀肌的穩定力量。

▶ 身體側躺，右手肘至於右肩正下方，使上半身離地。收下顎，使頸椎與胸椎保持在同一平面，保持正常呼吸，手肘用力向下撐住地面，將身體挺至最高，全身保持挺直。左手伸直，向天空延伸。將左腳伸直張開比肩膀寬。

Point 側腰椎不可以太凹陷，也不可以太彎曲。

動作類型
預先強化
使用工具
無
訓練量
左右各 3 ～ 6 次

（每次抬腳 2 ～ 6 秒，放下休息 2 ～ 6 秒）
左腳動作後，換右腳。

教·練·叮·嚀

把身體想像成一塊非常扎實的鋼板，耳朵、肩、髖、膝、踝保持在一條直線上。緊鎖腹部的力量，並緊縮臀部，手肘往下頂地，腳抬起時，腹部和臀部要鎖得更緊。保持正常呼吸，不可憋氣。

4 — 進階篇

03 臀部搭橋交換抬膝

1
▶ 平躺，雙腳張開與髖同寬，彎曲雙膝呈90度，勾腳尖，雙手置於身體兩側，掌心朝上。緊縮腹部，保持正常呼吸，利用臀部力量將軀幹用力挺起，肩膀及腳跟著地外，從肩膀以下到膝蓋要保持挺直。

動作類型
預先強化

使用工具
無

訓練量
6 ～ 12次

（同一腳連續做）
休息10 ～ 30秒，再換腳。

4
進
階
篇

2

▶ 抬起右腳，使右膝盡可能接近胸部，維持2～6秒。啟動左臀，將身體慢慢放下，在3～4秒間當臀部碰到地面時，再用力啟動左臀將身體挺起。

Point 大腿後側肌肉太吃力時，可以把腳跟著地的位置往臀部移動一點。

教‧練‧叮‧嚀

把身體想像成一塊非常扎實的鋼板，當腹部緊縮，臀部啟動將身體往上推動時，軀幹要保持穩定。切記，不可用腰椎伸張（挺腰）的力量來代替。要保持正常呼吸，不可憋氣。

1. 軀幹、髖關節、肩關節的穩定性。
2. 強化肩關節的移動能力。

04 運動蹲姿肩關節 YTWL

1 ▶ 運動蹲姿，緊縮腹部，保持正常呼吸，挺胸將肩胛骨放背後、不聳肩，同時啟動兩邊肩胛骨與雙肩關節，使雙手呈英文字母 Y、T、W、L。先做 Y 字形：雙手伸直，與肩膀呈 45 度方向抬起，拇指指向後方天空。

動作類型
預先強化

使用工具
無

訓練量

6 ～ 12次

（依序做 Y、T、W、L 算一次）
做完 1 次休息 30 秒。

4
—
進
階
篇

2

▶ 做T字形：雙手伸直，與肩膀呈水平抬起，拇指指向後方天空。

3

▶ 做 W 字形：雙手手肘彎曲呈兩個 V 字型（即 W），手肘放在靠近肋骨的位置，微微握拳拇指指向後方，兩邊肩胛骨同時用力，使兩肩胛骨幾乎要碰到，手肘與大拇指同時向後方驅動，將胸部挺至最凸。

Point 以肩胛骨為中心，肩關節附近的相關肌肉會有很痠的感覺。

4 ▶ 做L字形：雙手手肘彎曲呈L字型，讓手肘與肩膀呈一直角，微微握拳拇指指向前方，以上手臂為軸心向上旋轉到極限，使大拇指指向後方天空。

教·練·叮·嚀

要維持好運動蹲姿的基本動作，不可以因為肩關節的活動而破壞腹部核心的穩定。當肩關節往後驅動時，要注意腰椎不可以伸張（凹陷）。肩關節的運動要在不聳肩、肩胛骨收到肩膀後面的情況下動作，才會有效率且不易受傷。

05 平板式抬腿

1. 軀幹、髖關節、肩關節的穩定性。
2. 加強髖部的穩定與伸張的力量。

▶ 雙手伸直撐地，手掌置於肩膀正下方，雙腳張開與肩同寬，雙腳打直，以前腳掌著地，讓肩膀、軀幹到雙腳呈一直線。穩定腹部核心，膝蓋不彎曲，將一腳抬離地面至最高，停留約2～6秒再放回地面。

Point 雙手用力撐地，設法將身體撐至最高。

動作類型
預先強化
使用工具
無
訓練量

1組左右
各8～16次
（重複3～6組）
右腳連續動作後，換左腳。

教・練・叮・嚀

想像軀幹像一塊鋼板一樣的堅固，要緊縮腹部核心，用胸腔呼吸，不可憋氣。

4 — 進 階 篇

訓 練 目 的 》

下肢的運動彈性能

06 單腳臺階踩跳

1 ▶ 雙腳弓箭步，前腳踏在臺階上，雙手擺放於胸前，軀幹保持挺直。緊縮腹部，保持正常呼吸，瞬間將身體垂直下沉更低，雙手約置於臀部後側。

動作類型

運動彈性能

使用工具

約20～30公分的臺階

訓練量

1組左右
各6～12次

（重複3～5組）
右腳連續動作後，才換左腳。

4
進階篇

2

▶ 然後猛力向上跳起，
著地後恢復至弓箭步。

往上跳

Point 前腳臀部
會感覺到最大的用
力，後腳大腿前側
會感覺到輕微的伸
展。

教·練·叮·嚀

雖然是對下肢的訓練，
但是軀幹的穩定卻更為
重要。前後腳的弓箭步
跳起與著地，需要有更
好的軀幹穩定能力。脊
椎要保持挺直，身體要
保持垂直下沉、垂直起
跳。

全身的運動彈性能

07 波比跳

1

▶ 雙手伸直撐地，手掌置於肩膀正下方，雙腳張開與肩同寬，雙腳打直，以前腳掌著地，讓肩膀、軀幹到雙腳呈一直線。

動作類型
運動彈性能
使用工具
無
訓練量

1組6 ～ 12下

（重複3 ～ 5組）
每組間隔休息2 ～ 3分鐘。

2

▶ 穩定腹部核心，收腿、屈膝、踮腳尖，然後啟動臀部的力量，用力猛跳，並將雙手往上伸直。

Point 做全身性猛跳時，雙手向上有向天空延伸的感覺，呼吸與心跳都會變得較為快速。

教·練·叮·嚀

保持軀幹的穩定性，尤其是在做伏地挺身與全身性猛跳時。且要保持正常呼吸，不可憋氣。

訓 練 目 的 »

上肢的運動彈性能

08 彈性伏地挺身

正面照

動作類型

運動彈性能

使用工具

長凳

訓練量

1組8 ～ 16下

（重複3～6組）每組間隔休息2～3分鐘。

1

▶ 雙手伸直撐放長凳，手掌置於略寬於肩膀下方的位置，雙腳張開與肩同寬，雙腳打直，以前腳掌著地，讓肩膀、軀幹到雙腳呈一直線。

4
進
階
篇

正面照

2 ▶ 將肩胛骨後收，手肘彎曲使胸口貼近長凳，肩膀、軀幹到雙腳呈一直線。

正面照

3 ▶當身體達到最低點時，瞬間雙手用力將身體向上推起，讓身體彈至最高，同時雙手手掌離開長凳，當雙手回到長凳時，再做一次伏地挺身。

教・練・叮・嚀

保持軀幹的穩定最為重要。當身體下沉伏地時，吸氣，雙手用力將身體推起時，吐氣。

訓 練 目 的 »

上半身水平方向推的力量

09 伏地挺身

▶ 雙手伸直撐地，手掌置於略寬於肩膀下方的位置，雙腳張開與肩同寬，雙腳打直，以前腳掌著地，讓肩膀、軀幹到雙腳呈一直線。彎曲手肘做伏地挺身。

Point **身體下沉時，將肩胛骨縮回背後再用力控制好身體，至少3秒才到最低點。**

4

進
階
篇

動作類型
上半身推
使用工具
無
訓練量

1組6 ~ 15下
（重複3 ~ 6組）
每組間隔休息2 ~ 3分鐘。

教·練·叮·嚀

保持軀幹的穩定最為重要，身體與腿要成一直線。當身體下沉伏地時，吸氣；雙手用力將身體推起時，吐氣。

訓 練 目 的 »

上半身水平方向推的力量

10 仰臥推舉［啞鈴］

▶ 仰臥於長凳上，手握適當重量的啞鈴，雙手伸直於雙肩正上方，將啞鈴推至最高點。彎曲手肘下降至呈90度，然後用力將啞鈴再向上推至最高點。

Point 啞鈴下降時，將肩胛骨縮回背後再用力控制好啞鈴，至少3秒才到手肘90度處。

動作類型
上半身推
使用工具
啞鈴
訓練量

1組6～15下
（重複3～6組）
每組間隔休息2～3分鐘。

教 · 練 · 叮 · 嚀

雖然躺在椅子上，軀幹仍然要保持的穩定，腰椎不可以過度彎（伸張）。當啞鈴下降時，吸氣；啞鈴上推起時，吐氣。

11 坐姿上推 [啞鈴]

▶ 正坐於椅凳上,手握適當重量的啞鈴,雙手垂直伸直於雙肩正上方,將啞鈴推至最高點。彎曲手肘下降至呈90度,啞鈴約在兩側雙耳的位置。然後用力將啞鈴再向上推至最高點。

Point 啞鈴下降時,將肩胛骨縮回背後再用力控制好啞鈴,至少3秒才到手肘90度處。

動作類型
上半身推
使用工具
啞鈴
訓練量
1組6～15下
(重複3～6組) 每組間隔休息2～3分鐘。

教·練·叮·嚀

軀幹要保持的穩定,腰椎不可以過度彎曲(伸張),胸椎不可以屈曲。當啞鈴下降時,吸氣;啞鈴上推起時,吐氣。

4
進階篇

訓 練 目 的 »

上半身垂直推的力量

12 站姿上推 [彈力繩]

1

▶ 站姿，雙手握於彈力繩的兩端，雙腳與肩同寬踩在彈力繩上，手伸直於雙肩正上方，將彈力繩兩端推至最高點。

動作類型

上半身推

使用工具

彈力繩

訓練量

1組6 ～ 15下

（重複3 ～ 6組）
每組間隔休息2 ～ 3分鐘。

4
—
進
階
篇

2

▶ 彎曲手肘將彈力繩握把下降至使雙手接近肩膀。再用力將握把向上推至最高點。

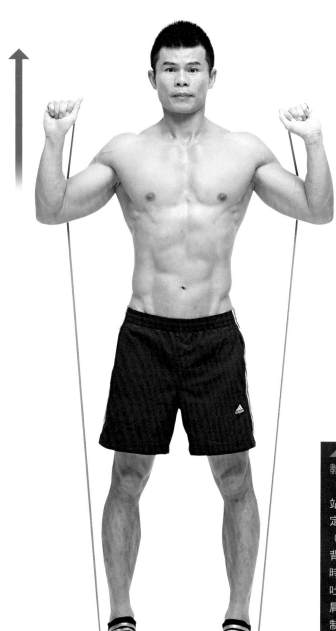

教・練・叮・嚀

站姿時，軀幹要保持的穩定，腰椎不可以過度彎曲（伸張），胸椎不可以駝背（屈曲）。當握把下降時，吸氣；握把上推時，吐氣。當握把下降時，將肩胛骨縮回背後再用力控制好握把，至少3秒才到手肘最低點。

上半身水平拉的力量

13 水平引體向上

動作類型
上半身拉

使用工具
單槓

訓練量
1組6 ～ 15下
（重複3 ～ 6組）
每組間隔休息2 ～ 3分鐘。

1 ▶ 雙手張開比肩略寬，雙手正握於單槓，雙腳張開與肩同寬，勾腳尖，使軀幹與雙腳呈一直線。

Point **當身體被拉上時，先將肩胛骨縮回背後再用力將胸部拉近單槓。**

2
▶ 將肩胛骨縮放於後背，同時手背用力將身體上拉，使胸部接近單槓。手臂再用力控制身體，慢慢將身體放回準備動作。

教‧練‧叮‧嚀

軀幹與雙腳要保持呈穩定的一直線，腰椎不可以過度彎曲（伸張），胸椎不可以弓背（屈曲）。當身體被拉向上時，吸氣；身體放下時，吐氣。

4
進階篇

117

訓 練 目 的 》

上半身水平拉的力

14 站姿前傾單手划船 [啞鈴]

1 ▶ 運動蹲姿，但上半身要更前傾，使軀幹幾乎與地面呈水平，背部保持一個平面，一手插腰，另一手握啞鈴，自然擺放於肩膀正下方。

4
|
進
階
篇

動作類型
上半身拉
使用工具
啞鈴
訓練量

1組左右
各6～15下

（重複3～6組）
一手連續動作後，再換手。
每組間隔休息2～3分鐘。

Point 當啞鈴
被拉上時，將
肩胛骨縮回背
後再用力將啞
鈴拉近肋骨。

2 ▶ 手握啞鈴的肩胛骨縮放於後背，同時手背
用力將啞鈴拉上，使啞鈴接近肋骨。然後手
臂再用力控制啞鈴，慢慢放下成為準備動作。

教·練·叮·嚀

脊椎的穩定與保持呈一個
平面非常重要，腹部核心
一定要鎖穩。腰椎不可以
過度彎曲（伸張），胸椎
不可以弓背（屈曲）。當
啞鈴被拉向上時，吸氣；
啞鈴放下時，吐氣。

訓·練·目·的 »

上半身垂直拉的力量

15 垂直引體向上

▶ 雙手張開比肩寬，正握於單槓，雙腳與肩同寬，將肩胛骨縮放於後背，同時手背用力將身體拉上，使鎖骨接近單槓。然後手臂再用力控制身體，慢慢將身體放回準備動作。

動作類型

上半身拉

使用工具

單槓

訓練量

1組6 ～ 15下

（重複3 ～ 6組）
每組間隔休息2 ～ 3分鐘。

教·練·叮·嚀

軀幹與骨盆要保持穩定，腰椎不可以過度彎曲（伸張），胸椎不可以弓背（屈曲）。當身體被拉向上時，吸氣；身體放下時，吐氣。試著當身體被拉上時，將肩胛骨縮回背後再用力將鎖骨拉近單槓。

4
進
階
篇

16 站姿前傾擴背拉
［彈力繩］

▶ 運動蹲姿，但上半身要更前傾，使軀幹幾乎與地面呈水平，背要保持呈一個平面，雙手向前伸直，握住彈力繩的兩端握把。將兩肩胛骨縮放於後背，同時手背用力將彈力繩往後拉，拉至手肘接近90度的位置。再慢慢放回彈力繩恢復至準備動作。

動作類型
上半身拉

使用工具
彈力繩

訓練量
1組6 ～ 15下
（重複3 ～ 6組） 每組間隔休息2 ～ 3分鐘。

教・練・叮・嚀

脊椎的穩定與背部保持呈一個平面非常重要，腹部核心一定要鎖穩。腰椎不可以過度彎曲（伸張），胸椎不可以弓背（屈曲）。當彈力繩被拉向身體時，吸氣；放鬆彈力繩時，吐氣。

訓 練 目 的 »

下半身推的力量

17 雙腿蹲站 [啞鈴]

▶ 站姿，雙手緊握啞鈴置於雙肩。緊縮腹部，保持正常呼吸，運用臀部的力量，將臀部往下坐，讓大腿幾乎與地面呈水平，然後再啟動臀部與大腿前側的肌肉，將臀部推起至站姿。

動作類型

下半身推

使用工具

啞鈴

訓練量

1組6 ～ 15下

（重複3 ～ 6組）
每組間隔休息2 ～ 3分鐘。

Point 臀部與大腿前側會感覺最痠。

教·練·叮·嚀

雖然是對下肢的訓練，但軀幹的穩定更為重要，特別是腹部核心與臀部一起用力保持穩定。髖關節是主要的支撐點，膝蓋盡量維持最小角度的向前移動。

4
—
進
階
篇

18 側跨蹲站 ［啞鈴］

1

▶ 雙手緊握啞鈴置於雙肩，將雙腳張開約兩倍肩寬。

動作類型
下半身推

使用工具
啞鈴

訓練量

1組6 ～ 15下

（重複3 ～ 6組）
右腳連續動作後，換左腳。
每組間隔休息2 ～ 3分鐘。

Point **90%重心腳的臀部是身體下沉與用力上推的主要使力處。**

2

▶ 將臀部往下、往後坐，雙腳膝蓋、腳尖保持朝正前方，同時將90%重心轉移至右腳足弓，身體偏向右側，左腳保持伸直，臀部再往下、往後坐到最低，讓右膝位於右腳大拇趾的正上方，停留約2秒。右臀用力將身體向上、向左推起，回到動作1。

教・練・叮・嚀

腹部核心的鎖緊最為重要，動作過程中，脊椎要維持挺直。如果你明顯覺得膝蓋的壓力很大或會痛，表示沒有用對臀部的力量，需要立即修正。

下半身推的力量

19 分腿蹲站

1 ▶ 右腳在前的弓箭步，雙手緊握啞鈴置於身體兩側。

動作類型
下半身推
使用工具
啞鈴
訓練量

1組左右
各6 ～ 15下
（重複3 ～ 6組）
右腳連續動作後，換左腳。
每組間隔休息2 ～ 3分鐘。

4
—
進
階
篇

Point 前腳膝蓋可保持適度的前後活動,但不要讓前膝蓋超過前腳腳尖。

2 ▶ 身體垂直往下沉,雙腳膝蓋、腳尖保持朝正前方,將80%重心落在前腳足弓,讓前腳膝蓋幾乎呈90度,停留約2秒。前腳臀部用力將身體向上推起,回到動作1。

教·練·叮·嚀

腹部核心的鎖緊最為重要,動作過程中,脊椎要維持挺直,身體下沉與用力上推的主要力量來自於前腳的臀部。如果你明顯覺得前腳膝蓋的壓力很大或會痛,表示沒有用對臀部的力量,需要立即修正。

20 單腿上階

1 ▶ 弓箭步，前腳踏在臺階上，雙手擺放於身體兩側，軀幹保持挺直。

動作類型
下半身推

使用工具
約20 ～ 30公分的臺階

訓練量
1組左右 **各6 ～ 15下**

（重複3 ～ 6組）
右腳連續動作後，換左腳。
每組間隔休息2 ～ 3分鐘。

2

▶ 前腳臀部用力將身體向上推起，使後腳
停留2秒向前、向上屈膝，回到動作1。

教·練·叮·嚀

腹部核心的鎖緊最為重要，動作過
程中，脊椎要維持挺直，前腳膝
蓋可以保持適度的前後活動，但不
要讓前膝蓋超過前腳腳尖。如果你
明顯覺得前腳膝蓋的壓力很大或會
痛，表示沒有用對臀部的力量，需
要立即修正。

4 進階篇

21 羅馬尼亞硬舉 [啞鈴]

▶ 站姿,雙手緊握啞鈴。膝蓋微彎且保持在
腳踝的正上方,脊椎挺直打平,以髖關節為
支點,將身體向下彎曲,使啞鈴置於脛骨前
側,停約2秒。然後,臀部與腿後腱肌群用
力,將身體拉起,當身體挺直時,腳尖微微
踮起。

動作類型

下半身拉

使用工具

啞鈴

訓練量

1組6 ～ 15下

(重複3 ～ 6組)
每組間隔休息2 ～ 3分鐘。

教 · 練 · 叮 · 嚀

核心的穩定力量讓上半身保持
呈一平面,當身體彎曲與挺
直都不可以讓背彎曲。如果你
發現膝蓋不舒服或大腿前側很
痠,表示你做錯了,動作要做
調整。

4

進
階
篇

訓 練 目 的 »

以髖關節為主的下半身拉的力量

22 臀部搭橋 [抗力球]

▶ 坐在地上，背靠抗力球，兩腳張開與肩同寬，雙腳平踏在地面。啟動臀部與腿後腱肌群的力量，將身體抬起與大腿呈一直線，停約2秒，再將身體慢慢放下，回到準備動作。

動作類型
下半身拉

使用工具
抗力球

訓練量

1組 10 ～ 20 下
（重複3 ～ 6組）
每組間隔休息2 ～ 3分鐘。

教・練・叮・嚀

當身體被抬起時，軀幹因為核心被鎖緊而成為一個堅硬的鋼板，只需臀部與腿後腱肌群用力，就可以將上半身抬起與大腿呈一直線，而下背脊椎不會過度伸張（彎曲）。

4
進
階
篇

23 站姿勾腿

訓練目的 »

以膝關節為主的下半身拉的力量

▶ 站姿，雙手插腰。將左腳抬離地面，勾腳尖，左膝再往後勾，使左腳跟接近左臀，停2秒。

動作類型
下半身拉
使用工具
無
訓練量

1組左右
各 10 ～ 20 下
（重複3 ～ 6組）
右腳連續動作後，換左腳。
每組間隔休息2 ～ 3分鐘。

教·練·叮·嚀

維持穩定的站姿，使軀幹在動作的過程中幾乎不動，站立腳要用力伸直與軀幹呈一穩固的直線。

以膝關節為主的下半身拉的力量

24 臀部搭橋勾球 [抗力球]

1

▶ 躺下，腳跟置於抗力球，勾腳尖。

4

進
階
篇

動作類型

下半身拉

使用工具

抗力球

訓練量

1組 10 ～ 20下

（重複3～6組）

每組間隔休息2～3分鐘。

2

▶ 啟動臀部與腿後腱肌群的力量，將身體抬起與大腿呈一直線，

Point 腿後腱肌群
會最為吃力。

3

▶ 將膝蓋後勾，使抗力球接近臀部，停約2秒，再將膝蓋伸直，身體慢慢放下，回到動作1。

教·練·叮·嚀

穩定的軀幹是動作的基礎。當膝蓋往後勾時，要保持好軀幹的高度，同時也不可以用「挺腰」的動作來代替軀幹的穩定度。

訓 練 目 的 »

身體旋轉的力量

25 俄羅斯旋轉［抗力球］

1 ▶ 上半身躺在抗力球上面，使上半身與大腿呈一直線，膝蓋呈90度，雙手伸直合掌於胸部正上方。

動作類型
旋轉
使用工具
抗力球
訓練量
1組 10 ～ 20下
（重複3～6組） 每組間隔休息2～3分鐘。

4

進
階
篇

2

▶ 維持雙手合掌，身體向右旋轉，使抗力球滾動，讓右肩在球上，肩膀與地面垂直，雙手手掌不分開，手臂與地面水平，停2秒。

Point 腹部的肌肉會最痠，臀部也會有明顯的出力。

3

▶ 再將身體向左旋轉，使抗力球滾動，讓左肩在球上，肩膀與地面垂直，雙手手掌不分開，手臂與地面水平，停2秒。

教·練·叮·嚀

軀幹與臀部的穩定力量是動作的基礎。身體在抗力球上旋轉時，腹部核心與臀部要用力維持軀幹的高度與旋轉時的穩定度。

[進階篇訓練課表] 強化體能進階為路跑車,加速衝刺

週次	進階篇第一週 打造身體裡層的深厚力量+能量系統之間歇有氧能力					進階篇第二週 建構彈性的力量+能量系統之間歇有氧能力				
日期	第一天	恢復日	第二天	恢復日	第三天	第一天	恢復日	第二天	恢復日	第三天
熱身	B類熱身					B類熱身				
能量系統訓練（ESD）	慢跑：10分鐘 Z1+(1分鐘 Z2+3分鐘 Z1)×3		慢跑：10分鐘 Z1+(1分鐘 Z2+3分鐘 Z1)×3			慢跑：10分鐘 Z1+(2分鐘 Z2+3分鐘 Z1)×3		慢跑：10分鐘 Z1+(2分鐘 Z2+3分鐘 Z1)×3		
預先強化 1.正面搭橋抬手抬腿	●		●		●	●		●		●
預先強化 2.側面搭橋抬腿	●		●		●	●		●		●
預先強化 3.臀部搭橋交換抬膝	●		●		●	●				●
預先強化 4.運動蹲姿肩關節YTWL			●		●	●				●
預先強化 5.平板式抬腿			●		●					●
運動彈性能 6.單腳臺階踩跳								●		
運動彈性能 7.波比跳								●		
運動彈性能 8.彈性伏地挺身								●		●
上半身推 9.伏地挺身	●		●		●					
上半身推 10.仰臥推舉〔啞鈴〕					●					
上半身推 11.坐姿上推〔啞鈴〕						●				
上半身推 12.站姿上推〔彈力繩〕										
上半身拉 13.水平引體向上	●				●					
上半身拉 14.站姿前傾單手划船〔啞鈴〕					●					
上半身拉 15.垂直引體向上						●				
上半身拉 16.站姿前傾擴背拉〔彈力繩〕										●
下半身推 17.雙腿蹲站〔啞鈴〕	●							●		
下半身推 18.側跨蹲站〔啞鈴〕								●		
下半身推 19.分腿蹲站						●				
下半身推 20.單腿上階						●				
下半身拉 21.羅馬尼亞硬舉〔啞鈴〕	●		●		●			●		
下半身拉 22.臀部搭橋〔抗力球〕					●					●
下半身拉 23.站姿勾腿						●				
下半身拉 24.臀部搭橋勾球〔抗力球〕										●
旋轉 25.俄羅斯旋轉〔抗力球〕										●
當天訓練動作數合計	7	0	7	0	11	9	0	8	0	10
緩和運動	緩和					緩和				

- 每週建議選三天運動,穿插在這三天中間的兩天是「恢復日」,用「熱身+慢跑+緩和」來當動態恢復。
- 運動前先熱身(分A、B、C三類,見熱身篇)。當天訓練結束後,務必做緩和動作(見緩和篇)。
- 能量系統訓練(ESD)也就是「心肺訓練」,你可以慢跑、騎腳踏車、踏步機……或做其他類似的運動。
  【Z1強度】:心跳落在有氧運動較低強度的範圍內,最大心跳率的60～70%。
  【Z2強度】:心跳落在有氧運動較高強度的範圍內,最大心跳率的71～80%。
  【Z3強度】:心跳落在無氧運動強度的範圍內,最大心跳率的81～90%。
- 表格最右邊的合計,可知道按照四週的課程,總共可以運動幾天,而每一項動作會做幾天,以了解課程安排的重心。
- 表格最下方的當天訓練動作數合計,數字越多表示越累,訓練動作也越豐富。

4 — 進階篇

進階篇第三週 精簡身體不需要的東西 + 能量系統之間歇有氧能力					進階篇第四週 鍛鍊肌肉也要增加力量 + 能量系統之間歇有氧能力					合計 20天運動：12天主訓練+8天恢復日（慢跑）
第一天	恢復日	第二天	恢復日	第三天	第一天	恢復日	第二天	恢復日	第三天	
		B類熱身					B類熱身			共20天做熱身
	慢跑：10分鐘 Z1+(1分鐘Z2+2分鐘Z1)×5		慢跑：10分鐘 Z1+(1分鐘Z2+2分鐘Z1)×5			慢跑：10分鐘 Z1+(1分鐘Z2+2分鐘Z1)×5		慢跑：10分鐘 Z1+(1分鐘Z2+2分鐘Z1)×5		共8天做能量系統訓練
●				●	●				●	9
●					●				●	8
●					●					7
		●					●			5
				●					●	6
					●					3
		●					●		●	5
				●			●			4
●		●			●		●			8
●					●					4
		●		●			●			6
				●			●			4
●		●							●	5
●		●			●					4
		●					●		●	6
							●		●	4
●		●								5
●					●					4
		●		●			●			6
				●			●		●	4
				●	●		●		●	5
11	0	10	0	12	17	0	13	0	19	
		緩和					緩和			共20天緩和運動

成為魅力滿分、
活力滿點的美肌型男

5
精 進 篇

給運動高手的你

四週讓你不只是美肌，還讓你變成充滿能量與速度的型男！

如果你已經完成了基礎篇的四週課程和進階篇的四週課程，那麼接下來，這四週的精進篇，將是全面提升肌肉線條與爆發力的開始。

運動對你來說不是問題，你喜歡運動，也常常運動，甚至你可能已經是個運動高手，但有沒有可能，以更有效率的運動方式，讓身體可以練得更好？而且不只外型更好看，還要更有能量、爆發力？有，就在這一篇！

精進篇訓練目的：
全面提升你的身體級數，給你完美線條的爆發力。

「精進篇」教你不只讓肌肉更有線條，還要強調有絕佳的力量輸出與爆發力，使你不只是美肌型男，更是充滿能量與速度感的健康型男。

若用汽車來比擬，你不只是功能齊備，具有強而有力的加速性，外觀是流線時尚的路跑車，你將精進到可以翻山越野的越野車，有完美的操控、速度與爆發力。

精進篇訓練目的：你的身體與車的對比

你的身體	越野車
提高能量系統的有氧與無氧能力運用	提高換檔順暢性與加速性
增加力量與爆發力	全面提升馬力與扭力
提升全身力量的協調性	全面提升操控性
讓你的肌肉不只變大還要美而有型	讓車的外型更流線有魅力
讓你的外型更精實	讓車的外型更流線

精進篇的四週規劃，依然會按照運動健護的原則來做，同時提升健身與生活表現。也就是心理、體能、保養、營養並重，且藉由體能訓練所發展出來的運動神經與反應，全方位地運用在日常生活之中，不僅讓健身有成效，擁有好身材與好體態，更能讓身體功能變好、體能更充沛、反應更敏捷，真正享有健康的身體與生活。

以下的這個表，就是這四週的課程大綱，在心理、體能、保養、營養四大主軸，每一週都有一個主要的目的。

即使你已經有運動基礎，但只要保持規律、有計畫地循序漸進，不一定要做很多動作，一樣可以達到健身效果。接下來我們先了解該怎麼樣在四週內達到提升身體力量與爆發力的目標，以及精進篇動作有哪些。

精進篇訓練計畫

週數		第一週	第二週	第三週	第四週
精進篇四週訓練目的		不只讓你的腿好看，還要有速度！	打造雄厚有能量的上半身！	快速提升身體的旋轉力！	全身爆發力全面升級！
運動健護四主軸	心理	運動品質第一	均衡才是美	輕巧靈活才是王道	用同一個態度運動與生活
	體能	打造靈活有速度感的下半身	創造有爆發力的上半身	增進全身的旋轉穩定性與爆發性	全身爆發力的運用
	保養	每週訓練的恢復計畫	按摩是重要的恢復	生活作息是保養的基礎	同時放鬆你的肌肉與心靈
	營養	飲食需要計畫	盡量少碰碳酸飲料	牛奶好嗎？	你必須親身體驗食物，不是人云亦云

如何進行精進篇四週訓練

讓我們開始這四週精進篇的運動健護課吧！

第 1 週　不只讓你的腿好看，還要有速度！

[心理] 運動品質第一

體能訓練時，許多人會把重點放在學動作，很在意要做幾次？幾組？多少時間？

事實上，體能訓練最基本、最重要的是品質，有效率的動作（Movement），正確的用力方式才是關鍵。如果未能掌握好動作的品質，卻一味地想完成次數、組數、時間……不只效果不佳，而且容易受傷。「品質」才是運動的重點，其實人生的許多事情也是一樣的道理，運動健護的訓練觀念也是一樣。

[體能] 打造靈活有速度感的下半身

在健身房，上半身的鍛鍊幾乎是所有人的重點，即使會鍛鍊下半身的人，也是以增加大小腿肌肉的尺寸為主，至於髖關節的活動、腿的移動能力與靈活性的訓練，一直得不到多數人的青睞。為什麼會這樣？人的移動需要靈活的下肢，這樣在日常生活和運動才會有更好的表現。所以，這一週特別加強最重要的下半身，不只要壯，還要靈活有速度。

[保養] 每週訓練的恢復計畫

日復一日的訓練，如果沒有適當的恢復，訓練是不會有效果的！

訓練是生活的一部分，恢復計畫當然最好要考慮到日常生活的節奏。週三、週六是一般人比較輕鬆的日子，週日則是一個可以讓自己全然休息的日子。可以把主要的訓練放在週一、二、四、五。週三、週六做一些可以讓身體恢復休養的活動，特別是心肺訓練、伸展與按摩。週日則好好徹底地讓身體和心理都休息。

[營養] 飲食需要計畫

工作需要計畫才容易把事情做好。可是，攸關身體健康的飲食呢？每天我們都知道自己的行程，知道何處何時有空可以用餐，所以如果可以，花一點時間，把自己的飲食、運動和工作計畫一併安排，畢竟這都是同等重要的事。

打造雄厚有能量的上半身！

［心理］均衡才是美

穠纖合度的均衡才是美。如果過度強調肌肉，而忘了動作本身的功能，那麼壯碩的肌肉反而可能阻礙了身體運動的效率。如同心理上，如果過度強調工作，而忘了生活本身的樂趣，那麼追求工作上的成就反而帶給自己和家人壓力。

凡事均衡保持中庸，身體和心理才會健康快樂。這一直都是運動健護訓練的重要原則。所以，肌肉大小要依據生活與運動表現的需求來決定，工作的成就也需要生活上的樂趣需求來決定。

［體能］創造有爆發力的上半身

幾乎所有的男人都希望有一個厚實堅強的上半身，沒錯！我也認為那是重要的事。此外，我還想在這一週的訓練裡強調：爆發力，也就是要有肌肉、有力量，還要靈活有速度。千萬不要讓你的肌肉只是好看，卻是中看不重用的「笨肌肉」。只要你願意學習這一週的課程，把重點放在動作的品質，力量與速度兼顧，你就會擁有真正男人的力與美。

［保養］按摩是重要的恢復

很多人可能知道運動後的肌肉會縮短、會變硬，而讓運動表現變差。可是，你知道嗎？即使你不做任何運動，日常生活躺著、坐著、走路，也是會讓肌肉縮短變硬。除了伸展以外，按摩也是重要的保養之一，可以讓肌肉、筋膜放鬆，特別是運動量大的人。按摩不一定要由他人服務，透過網球、泡棉滾筒（Foam Roller）、按摩棒（Massage Stick），等自我按摩的方式，也可以有效舒緩肌肉。

［營養］盡量少碰碳酸飲料

可樂、汽水對某些人而言是致命的吸引力，特別是年輕人。當我還是二十幾歲之際，也是不喜歡喝水只喝可樂，但運動量不比現在的我少，可是我當時全身總是長了許多痘痘，一到冬天就感冒，經常消化不良……。

在知道了碳酸飲料中的人工色素、人造糖和過多的熱量會嚴重傷害身體後，我才停喝可樂，養成多喝好水的習慣，不但痘痘變少了，整年幾乎不感冒，腸胃問題也不藥而癒。現在的我幾乎比二十幾歲時更健康，希望你也可以這樣。

快速提升身體的旋轉力！

［心理］輕巧靈活才是王道

「沉重」，不管是對身體或心理，都是一件難以承受的事。心理和身體一樣，需要輕巧靈活。不同於身體的沉重需要一段時間恢復，心理只要瞬間轉念就可以改變。而運動表現的關鍵，往往決定於心理因素。因此，希望這一週你能試著讓自己的心情保持輕鬆愉快，不管面臨什麼事，想清楚事情的本質，冷靜處理，通常事情反而容易解決。

［體能］增進全身的旋轉穩定性與爆發性

人體的運動是由水平、垂直和旋轉三種運作組合出來的。可是許多人只想著練肌肉，卻不是練動作（Movement），這樣的鍛鍊方式，最欠缺的就是旋轉的穩定性與爆發性。體能訓練中，如果欠缺旋轉動作的訓練，就像汽車只能前進、後退，卻不能轉彎一樣，是不可能練好體能的。因此，這一週你將會體驗旋轉訓練，包括穩定性與爆發性。

［保養］生活作息是保養的基礎

對運動健護訓練而言，最基礎的保養就是按照人類自然的作息過生活，而且持之以恆。這才是由內而外的保養，讓人體的新陳代謝可以穩定且有節奏的運行。如果長期作息不正常，即使吃再多的營養食品、擦再多的保養乳液，都不能彌補作息的紊亂所造成的身體傷害。對青少年而言，是發育不良；對成人而言，則是體力的耗弱。如果，你是一個熱愛運動的人，那麼正常的生活作息是提升體力的重要關鍵。相反地，高運動量加上不好的作息，對身體更不好。

［營養］牛奶好嗎？

我的看法是，牛奶對人不見得好。雖然牛奶含有豐富的蛋白質與鈣質，但全世界飲用牛奶量越高的國家，其國民骨質疏鬆症越嚴重。到底牛奶會增進人體的鈣質吸收，還是反而促進鈣質的流失？我建議你，可以用別的方法代替牛奶，像是深色植物可以提供鈣質的吸收，豆漿、雞蛋、魚肉也可以提供優質的蛋白質。相信你的身體會變得更好。畢竟，牛奶是排名第一的過敏原，這也是事實。

全身爆發力全面升級！

[心理] 用同一個態度運動與生活

　　事實上，運動是生活的縮影，我們用什麼態度生活，也會用同樣的態度運動。不論是運動或生活，我們總是會面對各式各樣的壓力、情緒……和許多無法預期的突發事件，面對以及處理這些事情的態度，決定了我們在運動和生活上的成就。「超越侷限」（Beyond Limit），一直是我面對與處理事情的態度，不管在生活、工作、運動，我相信只要找到方法，超越自我的侷限，沒有太多的事情是克服不了的。

[體能] 全身爆發力的運用

　　運動是全身的。可是健身房裡卻很少人做全身性的運動，為什麼？因為，對有些人而言，上健身房是為了練肌肉，卻不是真正做運動。其實肌肉只是運動中的一部分，還需要有好的關節活動、肌肉神經系統、運動彈性、能量系統的協同運用。因此，這週我建議開始鍛鍊全身爆發力，把已經訓練得不錯的全身肌肉整合一起運作，讓這些不同功能整合在運動與生活之中。

[保養] 同時放鬆你的肌肉與心靈

　　身體的放鬆會讓心理更輕鬆，輕鬆的心理也會讓身體更柔軟。我建議熱愛運動的人，每天至少安排一小時，讓自己的心情、情緒、心靈完全放鬆，不管是聽音樂、看電視、聊天……都可以。但要注意身體是不是真的放鬆了，特別是肩膀要放下、肩胛骨要放鬆、手臂要放柔軟，休息時用腹腔呼吸，氣吸得深、吐得長。身心放輕鬆，隔天的運動、工作都會更有效率。

[營養] 你必須親身體驗食物，不是人云亦云

　　飲食營養的原則很重要，可是找出自己的飲食特性也很重要。常常有人問我該怎麼吃才可以變壯？或怎麼吃才可以變瘦？

　　找出自己的代謝型態是關鍵，知道所需碳水化合物、蛋白質、油脂的比例，是第一步。但是，找出適合自己體質的食物，必須靠自己對食物的體驗。了解自己吃什麼食物心情會好？吃什麼東西容易餓？這是自己的功課，別人說的都不準，非得自己親身體驗不可。體驗，也是最重要的飲食原則。

01 平板式轉身抬手

1. 軀幹、髖關節、肩關節的穩定性。
2. 加強軀幹旋轉的穩定力量。

Point **腹部核心、肩膀、髖關節、臀肌都會感覺到用力。**

動作類型
預先強化

使用工具
無

訓練量
1組左右
各6 ～ 12次
（重複3 ～ 6組）
左手連續動作後，換右手。

1

▶ 雙手伸直撐地，手掌置於肩膀正下方，雙腳張開與肩同寬，雙腳打直，以前腳掌著地，讓肩膀、軀幹到雙腳呈一直線。

2

▶ 穩定腹部核心，在軀幹穩定、膝蓋不彎曲的前提下，一手抬離地面且將肩膀旋轉90度，將抬離地面的手向天空延伸至最高，停留2～6秒再放回地面。

教·練·叮·嚀

想像軀幹像一塊鋼板一樣的堅固，緊縮腹部核心，用胸腔呼吸，不可憋氣。身體旋轉時，要維持軀幹、腿部呈一直線，不可屈膝或下沉。

訓練目的 >>

1. 軀幹的穩定性。
2. 髖關節伸張、屈曲與外展。

02 站姿 3D 抬膝

1

▶ 站姿,將小彈力圈套在大腿膝蓋上方處。緊縮腹部,保持正常呼吸。右腳用力挺直,將左膝盡量抬高,越接近胸部越好,同時將左腳腳尖勾起。

動作類型
預先強化
使用工具
小彈力圈
訓練量

1組左右
各6 ～ 12次

(重複3～6組)
左腳連續動作後,換右腳。
每組間隔休息2～3分鐘。

5
精
進
篇

2 ▶ 左膝保持約90度彎曲，回
到與右膝平行，接著往側面
抬起，對抗小彈力圈的彈力。

3

▶回到站姿，接著利用臀部力量
將左腳往後方伸。

教·練·叮·嚀

不管在哪一個方向的抬
腿過程中，軀幹都不能
改變原本的位置，身體
始終保持挺直。

03 抗力球對側伸張

1. 軀幹的穩定性。
2. 強化下背、髖關節、肩關節。

5

精
進
篇

動作類型
預先強化

使用工具
抗力球

訓練量
1組6 〜 15次

（兩側輪流做算一次，
重複3 〜 6組）
每組間隔休息2 〜 3分鐘。

▶ 趴在抗力球上。抬起右手及左腿直到與地板平行，維持在這個姿勢2秒。回到起始動作，然後換手換腳。

教・練・叮・嚀

保持腹部收緊，不要把手腳抬得太高，只要抬到平行地面就可以。抬手的過程中，大姆指保持指向天空。

訓 練 目 的 》

1. 軀幹的穩定性。
2. 強化肩關節穩定肌群。

04 運動蹲姿肩關節 YTWL [彈力繩]

1

▶ 呈膝蓋微彎的蹲姿，將彈力繩中點固定在靠近地面的器材或家具上，雙手拉彈力繩兩端。先做Y字形：先將肩胛骨往脊椎的方向滑動、雙手伸直往前、往上拉緊彈力繩，停2秒，再回到啟始點。

動作類型
預先強化
使用工具
彈力繩
訓練量

1組4～8次

（依序做Y、T、W、L算一次，
重複3～6組）
做完1次休息2～3分鐘。

精進篇 5

2

▶T字形：雙手伸直，從胸口正前方往身體後方將雙手打開，停2秒，再回到啟始點。

Point 維持運動蹲姿，拇指保持朝上。

3

▶ W字形：雙手屈曲90度，將手肘往背後挾緊，停2秒，再回到啟始點。

Point 肩膀與肩胛骨附近
的肌群會感到最痠。

4

▶ L字形：雙手平拉至兩側，手肘呈90度，以手肘為軸心，將前臂往上旋轉至極限的角度，停2秒，再回到啟始點。

教·練·叮·嚀

保持運動蹲姿，緊縮腹部，不要因為肩膀、手的動作改變了脊椎原本的正確排列。要由肩膀（肩胛骨）來啟動整個手部的動作。過程中，拇指保持朝上。

05 平板式抬膝後勾

訓 練 目 的 »

1. 軀幹穩定性。
2. 髖部屈曲及伸張肌群的訓練。

動作類型
預先強化
使用工具
無
訓練量

1組6 ～ 12次

（兩腳都做完算一次，
重複3 ～ 6組）
每組間隔休息2 ～ 3分鐘。

1

▶ 雙手伸直撐地，手掌置於肩膀正下方，雙腳張開與肩同寬，雙腳打直，以前腳掌著地，讓肩膀、軀幹到雙腳呈一直線。穩定腹部核心，將左膝往胸口方向抬、腳尖勾起，停2秒。

2

▶ 再將左腿往後勾腳，並往天空方向延伸，停2秒，回到動作1，
換腳重複同樣動作。

教·練·叮·嚀

保持軀幹、骨盆的穩
定，動作過程中，要維
持軀幹、支撐腳呈一直
線，不可屈膝或下沉。

06 前進蹲跳 [連續]

訓 練 目 的 》

1. 軀幹的穩定性。
2. 下肢的運動彈性能訓練。

▶ 運動蹲姿。雙手往後擺動，髖部再向下蹲，接著快速將手往上擺動，同時盡力往前跳躍，著地後，再用最快的速度重複往前跳躍的動作。

運動蹲姿
準備動作

動作類型

運動彈性能

使用工具

無

訓練量

1組6～12次

（重複3～6組）
每組間隔休息2～3分鐘。

教 · 練 · 叮 · 嚀

保持軀幹的穩定，不要駝背。著地要輕，用髖關節來緩衝著地的力量，不要只用膝蓋來支撐。

07 分腿蹲跳 [連續]

▶ 右腳在前的弓箭步。雙手往後擺動，髖部再向下蹲，接著快速將手往上擺動，同時盡力往上跳，在空中交換腳，著地後再用最快的速度重複一樣的動作。

著地後姿勢

交換左右腳

動作類型
運動彈性能

使用工具
無

訓練量

1組6 ～ 15次

（兩腳交換跳完算一次，
重複3 ～ 6組）
每組間隔休息2 ～ 3分鐘。

教·練·叮·嚀

動作的過程中，鎖緊腹部核心最為重要，脊椎要維持挺直，前腳膝蓋可以保持適度的前後活動，但不要讓前膝蓋超過前腳腳尖。身體下沉與用力上推的主要力量來自於前腳的臀部。如果你明顯覺得前腳膝蓋的壓力很大或會痛，表示沒有用對臀部的力量，需要立即修正。

08 伏地挺身波比跳

動作類型
運動彈性能
使用工具
無
訓練量

1組6 ～ 12次

（重複3 ～ 6組）
每組間隔休息2 ～ 3分鐘。

1 ▶ 雙手伸直撐地，手掌置於略寬於肩膀下方的位置，雙腳張開與肩同寬，雙腳打直，以前腳掌著地，讓肩膀、軀幹到雙腳呈一直線。穩定腹部核心，手臂彎曲做伏地挺身。

2

▶ 當身體恢復準備動作時，同時做收腿、屈膝、踮腳尖，然後啟動臀部的力量，用力猛跳，並將雙手往上伸直。

Point 全身性猛跳時，雙手向上有向天空延伸的感覺，呼吸與心跳都會變得較為快速。

教·練·叮·嚀

維持軀幹的穩定是第一要緊的事，尤其是在做伏地挺身與全身性猛跳時。一定要保持正常呼吸，不可憋氣。

09 換腿z字型跳

1. 軀幹的穩定性。
2. 下肢的運動彈性能。

▶ 右腳單腳運動蹲姿。雙手往後擺動，髖部再向下蹲，接著快速將手往上擺動，同時盡力往左前方跳躍，換左腳著地後，再用最快的速度往右前方跳躍。

著地後姿勢

動作類型

運動彈性能

使用工具

無

訓練量

1組8 ～ 16次

（重複3 ～ 6組）
每組間隔休息1 ～ 2分鐘。

教·練·叮·嚀

保持軀幹的穩定，不要駝背。著地要輕，用髖關節來緩衝著地的力量，不要只用膝蓋來支撐。

5
│
精
進
篇

在不穩定的基礎下,訓練
上半身水平方向推的力量

10 伏地挺身 [TRX]

▶ 雙腳掛於TRX上,雙手撐地略寬於雙肩,使身體與地面呈水平。做伏地挺身,身體下沉時
放慢速度,然後身體加快速度上推。

Point 身體下沉時,先將肩胛骨縮回
背後再用力控制好身體,使身體至少3
秒才到手肘90度處。

| 動作類型 |
| 上半身推 |
| 使用工具 |
| TRX（懸吊式阻力訓練） |
| 訓練量 |

1組6 ～ 15次

（重複3～6組）
每組間隔休息2～3分鐘。

教·練·叮·嚀

軀幹要全程保持穩定,
腰椎不可以過度彎曲
（伸張）或弓腰（屈
曲）。身體下沉時,吸
氣;身體上推時,吐氣。

訓練上半身水平方向推的力量

11 邊緣仰臥推舉 [啞鈴]

▶ 仰臥於長凳邊緣上，一手握適當重量啞鈴，彎曲手肘將啞鈴下降至使雙手肘呈90度，調整手掌位置，使手掌位於手肘正上方。然後再用力將啞鈴向上推至最高點。

動作類型
上半身推
使用工具
啞鈴
訓練量

1 組左右各 6 ～ 15 次

右手連續動作後，換左手。
每組間隔休息 2 ～ 3 分鐘。

教·練·叮·嚀

因為軀幹仰臥放長凳邊緣，所以軀幹需要有更多的旋轉穩定力，腰椎不可以過度彎曲（伸張）。當啞鈴下降時，吸氣；啞鈴上推起時，吐氣。當啞鈴下降時，先將肩胛骨縮回背後再用力控制好啞鈴，至少3秒才到手肘90度處。

訓 練 目 的 》

訓練上半身垂直推的力量

12 分腿垂直上推 [啞鈴]

▶ 一腳踩穩在斜椅上，雙手各握適當重量的啞鈴，彎曲手肘將啞鈴下降至使雙手肘呈90度，調整手掌位置，使手掌位於手肘正上方。然後再用力將啞鈴向上推至最高點。

Point 若腰部覺得吃力，很可能是腰椎太過彎曲（伸張）了，要調整姿勢。或減輕啞鈴重量。

動作類型
上半身推
使用工具
啞鈴
訓練量

1組6 ～ 15次
（重複3 ～ 6組）
每組間隔休息2 ～ 3分鐘。

教·練·叮·嚀

軀幹要保持穩定，腰椎不可以過度彎曲（伸張），胸椎也不可以屈曲（駝背）。啞鈴下降時，吸氣；啞鈴上推起時，吐氣。當啞鈴下降時，先將肩胛骨縮回背後再用力控制好啞鈴，至少3秒才到手肘90度處。

訓 練 目 的 》

訓練上半身垂直推的力量

13 分腿單手上推 [啞鈴]

▶ 右腳前弓箭步，右手插腰，左手握適當重量
的啞鈴，伸直手臂，使啞鈴位於左肩正上方。
彎曲左手肘慢慢地將啞鈴下降至左耳高度，停
2秒，再用力快速地將啞鈴向上推至最高點。

屈肘

動作類型

上半身推

使用工具

啞鈴

訓練量

1組左右
各6 ～ 15次

（重複3～6組）
連續動作後，換邊做。
每組間隔休息2～3分鐘。

教·練·叮·嚀

弓箭步軀幹要保持穩定，腰椎
不可以過度彎曲（伸張），胸
椎也要注意不可以駝背（屈
曲）。當啞鈴下降時，吸氣；
當啞鈴上推時，吐氣。

5
｜
精
進
篇

訓 練 目 的 》

1. 訓練上半身水平
拉的力量。
2. 軀幹旋轉穩定的
力量。

14 水平單手單腳引體向上

▶ 左腳離地伸直，使軀幹與左腳呈一直線，幾乎與地面水平，背要保持呈一個平面，右手插腰，左手握啞鈴，自然擺放於左肩正下方。接著左肩胛骨縮放於後背，同時手背用力將啞鈴拉上，使啞鈴接近肋骨。然後手臂再用力控制啞鈴，慢慢回到準備動作。

Point 離地的
那隻腳，要盡可
能地伸直且勾腳
尖。

動作類型

上半身拉

使用工具

啞鈴

訓練量

1組左右
各6～15次

（重複3～6組）

左手連續動作後，換右手，右腳
離地。每組間隔休息2～3分鐘。

教·練·叮·嚀

脊椎的穩定與保持呈一個平面非常重要，腹部核心一定要鎖穩。腰
椎不可以過度彎曲（伸張），胸椎也要注意不可以弓背（屈曲）。
當啞鈴被拉向上時，吸氣；啞鈴放下時，吐氣。

訓 練 目 的 »

上半身水平拉的力量

15 45度划船〔TRX〕

▶ 左手握緊TRX握把，右手插腰，軀幹與下半身保持筆直，與地面呈45度。左手用力拉，將身體拉近TRX握把，停2秒，控制左手慢慢將身體放回準備動作。

動作類型
上半身拉

使用工具
TRX（懸吊式阻力訓練）

訓練量
1組左右
各6 ～ 15次
（重複3 ～ 6組）
左手連續動作後，換右手。
每組間隔休息2 ～ 3分鐘。

教·練·叮·嚀

脊椎的穩定與保持呈一個平面非常重要，腹部核心一定要鎖穩。腰椎不可以過度彎曲（伸張），胸椎也要注意不可以弓背（屈曲）。當握把拉向身體時，吸氣；當握把遠離身體時，吐氣。

Point 身體被拉向TRX握把時，先將肩胛骨縮回背後再用力。

呈45度

16 爆發力後拉 [TRX]

1. 上半身水平拉的力量。

2. 軀幹旋轉的力量。

▶ 左手握緊TRX握把,軀幹與大腿保持筆直,雙膝微彎,身體向右側旋轉,伸直右手,使右手幾乎觸地。身體做向左旋轉的動作,同時左手用力拉,將身體拉近TRX握把,停2秒,控制左手慢慢將身體放回準備動作。

動作類型

上半身拉

使用工具

TRX(懸吊式阻力訓練)

訓練量

1組左右
各6 ～ 15次

(重複3 ～ 6組)
左手連續動作後,換右手。
每組間隔休息2 ～ 3分鐘。

教·練·叮·嚀

脊椎的穩定與保持呈一個平面非常重要,腹部核心一定要鎖穩。腰椎不可以過度彎曲(伸張),胸椎也要注意不可以弓背(屈曲)。當握把拉向身體時,吸氣;當握把遠離身體時,吐氣。

5
—
精
進
篇

上半身垂直拉的力量

17 引體向上 [單槓]

▶ 雙手張開比肩略寬,雙手正握於單槓。將肩胛骨縮放於後背,手背用力將身體拉上,使鎖骨接近單槓。然後手臂再用力控制身體,慢慢將身體放回準備動作。

Point 身體被拉上時,先將肩胛骨縮回背後再用力將鎖骨拉近單槓。

動作類型
上半身拉
使用工具
單槓
訓練量

1組6～15次
(重複3～6組)
每組間隔休息2～3分鐘。

教·練·叮·嚀

軀幹與骨盆要保持穩定,腰椎不可以過度彎曲(伸張),胸椎也要注意不可以弓背(屈曲)。當身體被拉向上時,吸氣;身體放下時,吐氣。

精進篇動作

下半身推的力量

18 雙腿蹲站 [啞鈴]

▶ 運動蹲姿，雙手分別緊握啞鈴
置於鎖骨。緊縮腹部，保持正常
呼吸，運用臀部與大腿前側的力
量，臀部往下坐讓大腿幾乎與地
面呈水平，然後用力將臀部推起
至站姿，配合身體上推節奏，雙
手啞鈴向上推至最高點。

動作類型
上半身拉

使用工具
啞鈴或前槓鈴

訓練量

1組6 ～ 15次

（重複3 ～ 6組）
每組間隔休息2 ～ 3分鐘。

教·練·叮·嚀

雖然是對下肢的訓練，但是
軀幹的穩定卻更為重要，特
別是腹部核心與臀部一起用
力維持穩定，腰椎不可以過
度的彎曲或屈曲。髖關節是
主要的支撐點，膝蓋盡量維
持最小角度的向前移動。

下半身推的力量。

19 側跨步 [啞鈴]

Point 90% 重心
腳 的 臀 部 是 身 體
下 沉 與 用 力 上 推
的 主 要 使 力 處 。

5 — 精 進 篇

動作類型
下半身推
使用工具
啞鈴
訓練量

1組左右各6～15次

（重複3～6組）連續動作後，換邊做。
每組間隔休息2～3分鐘。

1

▶ 雙手緊握啞鈴置於雙肩，將雙腳張
開約兩倍肩寬。將臀部往下、往後
坐，雙腳膝蓋、腳尖保持朝正前方，
同時將90%重心轉移至右腳足弓，身
體偏向右側，左腳保持伸直，臀部往
下、往後坐到最低，同時讓右膝位於
右腳大拇指的正上方，停留約2秒。

2

▶ 右臀用力將身體向上向左推，配合身體上推節奏，雙手啞鈴向上推至最高點。

教・練・叮・嚀

鎖緊腹部核心最重要，動作過程中，脊椎要維持挺直。如果你明顯覺得膝蓋的壓力很大或會痛，表示沒有用對臀部的力量，需要立即修正。

20 跨步前進／後退 [啞鈴]

訓 練 目 的 >>

下半身推的力量。

Point 身體下沉與用力上推的主要力量來自於前腳的臀部。

▶ 右腳在前的弓箭步，雙手緊握啞鈴置於身體兩側。將身體垂直往下沉，雙腳膝蓋、腳尖保持朝正前方，同時將80%重心落在前腳足弓，讓前腳膝蓋幾乎呈90度，停留約2秒。前腳臀部用力將身體向上推起同時身體向前或向後跨一步，讓身體回到準備動作。

5
│
精
進
篇

動作類型
下半身推
使用工具
啞鈴
訓練量

**1組前後
各6～12步**

（重複2～4組）
連續向前走，再連續向後走。
每組間隔休息2～3分鐘。

教·練·叮·嚀

鎖緊腹部核心最重要，動作過程中，脊椎要維持挺直，前腳膝蓋可以保持適度的前後活動，但不要讓前膝蓋超過前腳腳尖。如果你明顯覺得前腳膝蓋的壓力很大或會痛，表示沒有用對臀部的力量，需要立即修正。

下半身推的力量。

21 單腿蹲站 [TRX]

動作類型
下半身推

使用工具
TRX（懸吊式阻力訓練）

訓練量
1組6 ～ 15次
（重複3 ～ 6組） 連續動作後，換邊做。 每組間隔休息2 ～ 3分鐘。

教·練·叮·嚀

腹部核心的鎖緊最為重要，動作的過程中，脊椎要一直維持挺直，前腳膝蓋可以保持適度的前後活動，但不要讓前膝蓋超過前腳腳尖。如果你明顯覺得前腳膝蓋的壓力很大或會痛，那表示你沒有用對臀部的力量，需要立即修正。

▶ 左腳勾於TRX上，右腳在前站穩，雙手像跑步狀，右手在前、左手在後，軀幹保持挺直。接著彷彿身體要向前跑一般，雙手交換位置，身體向前傾，同時右腳臀部向下、向後坐，使右腳大腿幾乎與地面平行，停2秒，右臀用力將身體推向上，回到準備動作。

22 單腿羅馬尼亞硬舉

訓練目的 》

以髖關節為主的下半身拉的力量

▶ 站姿，雙手緊握啞鈴，右腳勾腳尖微微離地。膝蓋微彎且保持在腳踝的正上方，脊椎挺直被打平，以髖關節為支點，將身體向下彎曲，同時右腳維持與身體呈一直線，直至啞鈴置於脛骨前側，停約2秒。然後，臀部與腿後腱肌群用力，將身體拉起，挺直身體回到準備動作。

5
精進篇

動作類型

下半身拉

使用工具

啞鈴

訓練量

1組6 ～ 15次

（重複3 ～ 6組）
每組間隔休息2 ～ 3分鐘。

教 · 練 · 叮 · 嚀

核心的穩定力量讓上半身與離地的腳一直保持呈一直線，同時要穩定骨盆不可旋轉，當身體彎曲與挺直時，背不可弓起或駝背。如果你發現膝蓋不舒服或大腿前側很痠，表示做錯了，要做調整。

23 臀部搭橋 [TRX]

在不穩定的基礎上,訓練以髖關節為主的下半身拉的力量。

▶ 躺下,雙腳腳跟置於TRX上勾腳尖,彎曲雙膝呈90度,雙手置於身體兩側,掌心朝上。啟動臀部與腿後腱肌群的力量,將身體抬起與大腿呈一直線,停約2秒,再將身體慢慢放下,回到準備動作。

Point 肩膀及腳跟著地外,從肩膀以下到膝蓋要保持挺直。

動作類型

下半身拉

使用工具

TRX(懸吊式阻力訓練)

訓練量

1組 10 ～ 20次

(重複3～6組)
每組間隔休息2～3分鐘。

教·練·叮·嚀

當身體被抬起時,軀幹因為核心的鎖緊而成為一塊堅硬的鋼板,只需臀部與腿後腱肌群用力,就可以將上半身抬起與大腿呈一直線,而下背脊椎不會過度伸張(彎曲)。

5
—
精進篇

24 仰臥勾腿 [TRX]

訓 練 目 的 »

在不穩定的基礎上，訓練以膝關節為主的下半身拉的力量。

▶ 躺下，雙腳腳跟置於TRX上勾腳尖。啟動臀部與腿後腱肌群的力量，將身體抬起與大腿呈一直線，然後將膝蓋向前勾，使TRX（腳跟）接近臀部，彎曲雙膝呈90度，停約2秒。再將膝蓋伸直，身體慢慢放下，回到準備動作。

動作類型

下半身拉

使用工具

TRX（懸吊式阻力訓練）

訓練量

1組 10 ～ 20次

（重複3～6組）
每組間隔休息2～3分鐘。

教·練·叮·嚀

穩定的軀幹是動作的基礎。當膝蓋往前勾時，要保持好軀幹的高度，同時也不可以用「挺腰」的動作來代替軀幹的穩定。

訓 練 目 的 》

在不穩定的基礎上，訓練以膝關節為主的下半身拉的力量。

25 仰臥懸吊搭橋 [TRX]

▶ 躺下，雙腳腳跟置於TRX上，勾腳尖。啟動臀部與腿後腱肌群的力量，將身體抬起與大腿呈一直線，然後將膝蓋後勾，同時啟動臀部使大腿與軀幹呈一直線，停2秒，再將膝蓋伸直，身體慢慢放下，回到準備動作。

Point 肩膀及腳跟著地外，從肩膀以下到膝蓋要保持挺直。

動作類型
下半身拉
使用工具
TRX（懸吊式阻力訓練）
訓練量
1組 10 ～ 20次
（重複3～6組） 每組間隔休息2～3分鐘。

教·練·叮·嚀

穩定的軀幹是動作的基礎。當膝蓋往前勾時，要保持好軀幹的高度，同時也不可以用「挺腰」的動作來代替軀幹的穩定。

5
—
精
進
篇

訓練目的 》

身體旋轉力量。

26 分腿蹲砍劈 [纜繩]

1 ▶ 左腳前弓箭步，左手伸直舉向左斜上方且反握（虎口朝下）纜繩，右手曲手肘正握（虎口朝上）纜繩約在左胸口處。

動作類型

旋轉

使用工具

纜繩或彈力繩

訓練量

1組左右各 10 ～ 20次

（重複3 ～ 6組）
連續動作後，換邊做。
每組間隔休息2 ～ 3分鐘。

2

▶ 雙手同時用力將彈力繩朝右斜下方拉動,讓纜繩經過胸部,直到右手完全伸直,停2秒。

3

▶ 然後同時曲右手肘與向前伸直左手，停2秒。收回右手，伸直左手，雙手同時向左斜上方移動，回到動作1。

Point 為抵抗纜繩的拉力，軀幹與臀部會感覺到旋轉的力量。

教·練·叮·嚀

軀幹與臀部的穩定力量是動作的基礎。腰椎、胸椎是旋轉力量的樞紐。當一手臂伸直與屈曲時，要迅速有力，但軀幹依然保持穩定不動。

訓 練 目 的 »

身體旋轉力量。

27 分腿蹲旋轉斜上推 ［纜繩］

1 ▶ 右腳前弓箭步，左手伸直向左斜下方且正握（虎口朝上）纜繩，右手曲手肘反握（虎口朝下）纜繩約在右胸口處。

動作類型
旋轉

使用工具
纜繩或彈力繩

訓練量
1組左右各 10 ～ 20次

（重複3 ～ 6組）連續動作後，換邊做。
每組間隔休息2 ～ 3分鐘。

2

▶ 雙手同時用力將纜繩朝右斜上方拉動，讓纜繩經過胸部，直到右手完全伸直，停2秒。

3 ▶ 然後同時屈右手肘與向上伸直左手,停2秒。收回左手,
伸直右手,雙手同時向左斜下方移動,回到動作1。

Point 為抵抗纜繩
的拉力,軀幹與臀部
會感覺到旋轉的力
量。

教·練·叮·嚀

軀幹與臀部的穩定力量是
動作的基礎。腰椎、胸椎
是旋轉力量的樞紐。當一
手臂伸直與屈曲時,要迅
速有力,但軀幹依然保持
穩定不動。

訓 練 目 的 》

全身性力量。

28 土耳其起身

1

▶ 右側躺在地板上,雙腳屈膝90度,兩手握住啞鈴的握把放在腹部前面。

動作類型
全身

使用工具
啞鈴

訓練量

1組1次

(兩側交換做完算一次,重複3 ~ 5組)
每組間隔休息2 ~ 4分鐘。

2

▶ 往左側轉身成仰躺，左膝伸直，右腳屈膝90度踩在地板上；左手伸直將啞鈴從腹部往上推至胸口上方後，將右手45度平放到左側地板上，左手單手撐著啞鈴往天花板方向。

---- **Point** 動作過程中，肩膀要鎖穩。

3

▶ 左臀與右手用力將身體上拉，同時將啞鈴往上舉，右腳打直，使軀幹與右腿呈一直線，注意過程中拿啞鈴的左手永遠保持與地面垂直。

Point 動作過程中，身體要保持穩定，舉啞鈴的手也要維持與地板垂直。

4 ▶ 將臀部向上推，接著把伸直的右腿收回來身體下方使膝蓋著地。

5 ▶ 支撐地板的右手離地，利用左臂、軀幹與右手推的力量把身體立直，右腳跟著轉向，呈弓箭步。核心鎖穩，再用左臀部使力，往前站起身。

6 ▶ 回復動作：將右腳往後踩，接著右手往下撐地；用右手與右腳做支撐點，臀部用力撐起，將右腳往前伸直。臀部慢慢坐下，接著身體再往下躺，右手肘先著地，背部跟著躺下；最後雙手握著啞鈴的握把收回腹部的位置，再向右轉身、雙腳屈膝回到側躺開始姿勢。休息10～30秒後，換手及換一側再做一次。

教·練·叮·嚀

舉啞鈴的手在動作過程中要保持垂直地板。注意軀幹與肩、髖的穩定控制。

訓 練 目 的 ≫

全身性力量與爆發力。

29 小跳旋轉斜上推
[藥球]

1 ▶ 運動蹲姿，雙手持藥球置於右膝
旁。先小跳一步，使身體更下沉。

動作類型
全身
使用工具
藥球
訓練量

**1組左右
各 10 ~ 20次**

（重複3 ~ 6組）
連續動作後，換邊做。
每組間隔休息2 ~ 3分鐘。

Point 將球用力推至
最高點時，吐氣。

2

▶ 右臀用力將身體向左上方推，手順著
身體上推的力量，將藥球經過胸口後再
順勢舉向身體左上方最高處，身體正面
同時轉向左邊，踮起右腳尖，使藥球舉
得更高，停2秒。藥球循上推軌跡反向
回到動作1。

教·練·叮·嚀

全程軀幹必須保時穩定，不可彎腰
駝背或腰部過度伸張。主要力量的
啟動在於臀部，不是大腿，手要順
勢利用身體上推的力量將藥球舉高，
而不是只用手臂的力量。

訓 練 目 的 >>

全身性力量與爆發力。

30 奧林匹克挺舉 [啞鈴]

1 ▶ 雙手緊握啞鈴，膝蓋微彎且保持在腳踝的正上方，脊椎挺直被打平，以髖關節為支點，將身體向下彎曲，使啞鈴置於脛骨前側。臀部與腿後腱肌群用力，將身體猛力拉起，當身體挺直時，腳尖微微踮起。

動作類型
全身
使用工具
啞鈴或槓鈴
訓練量

1組6 ～ 15次
（重複3 ～ 6組）
每組間隔休息2 ～ 3分鐘。

2 ▶ 然後迅速將臀部往下坐，同時將啞鈴擺在鎖骨前側，最後推動臀部將身體上推站直。

教·練·叮·嚀

軀幹要保持穩定，腹部要鎖緊。若你的腰椎覺得不舒服，可能是軀幹的穩定力量與移動性不夠，先降低啞鈴重量再做動作，以確保動作的品質。

［精進篇訓練課表］力與美兼具的越野車，瞬間爆發

週次	精進篇第一週 不只讓你的腿好看，還要有速度＋ 能量系統之有氧能力與無氧爆發力					精進篇第二週 打造雄厚有能量的上半身＋ 能量系統之有氧能力與無氧爆發力				
日期	第一天	恢復日	第二天	恢復日	第三天	第一天	恢復日	第二天	恢復日	第三天
熱身	C類熱身					C類熱身				
能量系統訓練（ESD）	慢跑：5分鐘 Z1＋(1分鐘 Z3＋2分鐘 Z2)×5		慢跑：5分鐘 Z1＋(1分鐘 Z3＋2分鐘 Z2)×5			慢跑：5分鐘 Z1＋(1分鐘 Z3＋2分鐘 Z2)×5		慢跑：5分鐘 Z1＋(1分鐘 Z3＋2分鐘 Z2)×5		
主訓練　預先強化　1. 平板式轉身抬手	●				●	●				●
2. 站姿3D抬膝	●				●	●				●
3. 抗力球對側伸張			●		●			●		●
4. 運動蹲姿肩關節YTWL〔彈力繩〕			●					●		
5. 平板式抬膝後勾			●					●		
運動彈性能　6. 前進蹲跳〔連續〕	●				●	●				●
7. 分腿蹲跳〔連續〕	●				●	●				●
8. 伏地挺身波比跳	●				●	●				●
9. 換腿Z字型跳					●					●
上半身推　10. 伏地挺身〔TRX〕	●					●				●
11. 邊緣仰臥推舉〔啞鈴〕			●					●		
12. 分腿垂直上推〔啞鈴〕			●					●		
13. 分腿單手上推〔啞鈴〕			●					●		
上半身拉　14. 水平單手單腿引體向上	●					●				●
15. 45度划船〔TRX〕						●		●		●
16. 爆發力後拉〔TRX〕						●		●		●
17. 引體向上〔單槓〕					●			●		●
下半身推　18. 雙腿蹲站〔啞鈴〕	●				●					
19. 側跨步〔啞鈴〕	●				●			●		
20. 跨步前進/後退〔啞鈴〕			●		●					●
21. 單腿蹲站〔TRX〕			●							
下半身拉　22. 單腿羅馬尼亞硬舉	●				●					●
23. 臀部搭橋〔TRX〕	●				●					
24. 仰臥勾腿〔TRX〕			●		●			●		
25. 仰臥懸吊搭橋〔TRX〕						●				
旋轉　26. 分腿蹲砍劈〔纜繩〕	●					●				●
27. 分腿蹲旋轉斜上推〔纜繩〕			●							
全身　28. 土耳其起身										
29. 小跳旋轉斜上推〔藥球〕										
30. 奧林匹克挺舉〔啞鈴〕										
當天訓練動作數合計	11	0	12	0	13	13	0	12	0	16
緩和	緩和					緩和				

● 每週建議選三天運動，穿插在這三天中間的兩天是「恢復日」，用「熱身＋慢跑＋緩和」來當動態恢復。
● 運動前先熱身（分A、B、C三類，見熱身篇）。當天訓練結束後，務必做緩和動作（見緩和篇）。
● 能量系統訓練（ESD）也就是「心肺訓練」，你可以慢跑、騎腳踏車、踏步機……或做其他類似的運動。
　【Z1強度】：心跳落在有氧運動較低強度的範圍內，最大心跳率的60～70%。
　【Z2強度】：心跳落在有氧運動較高強度的範圍內，最大心跳率的71～80%。
　【Z3強度】：心跳落在無氧運動強度的範圍內，最大心跳率的81～90%。
● 表格最右邊的合計，可知道按照四週的課程，總共可以運動幾天，而每一項動作會做幾天，以了解課程安排的重心。
● 表格最方的當天訓練動作數合計，數字越多表示越累，訓練動作也越豐富。

精進篇第三週 快速提升身體的旋轉力 + 能量系統之有氧能力與無氧爆發力					精進篇第四週 全身爆發力全面升級 + 能量系統之有氧能力與無氧爆發力					合計
第一天	恢復日	第二天	恢復日	第三天	第一天	恢復日	第二天	恢復日	第三天	20天運動：12天主訓練+8天恢復日（慢跑）
C類熱身					B類熱身					共20天做熱身
	慢跑：5分鐘 Z1+(30秒 Z3+1.5分鐘 Z2)×5		慢跑：5分鐘 Z1+(30秒 Z3+1.5分鐘 Z2)×5			慢跑：5分鐘 Z1+(30秒 Z3以上 +2分鐘 Z2)×6		慢跑：5分鐘 Z1+(30秒 Z3以上 +2分鐘 Z2)×6		共8天做能量系統訓練
●				●	●				●	8
●				●	●				●	8
		●		●			●			8
		●					●			4
		●					●			4
●				●	●				●	8
		●					●			4
●				●	●				●	8
		●					●			4
●				●			●			6
●				●			●			6
		●			●				●	6
		●			●				●	6
●				●			●			6
●				●			●			6
		●			●				●	6
		●			●				●	4
●				●			●			6
●				●			●			5
		●			●				●	6
		●			●				●	5
●		●		●						6
●		●		●						5
●							●		●	4
							●		●	3
		●					●		●	4
15	0	16	0	15	15	0	16	0	16	
緩和					緩和					共20天做緩和

199

國家圖書館出版品預行編目資料

男人肌肉就要這樣練！/ 甘思元◎著 --初版----
臺北市：臉譜出版：家庭傳媒城邦分公司發行
2012〔民101〕面： 公分，--（生活風格FJ1023）
ISBN 9789862351826（平裝）
1. 運動訓練 2體能訓練 3.肌肉

528.923   101009696

生活風格 ┃ **男人肌肉就要這樣練**
FＪ1023 ┃ 20天練出肌肉爆發力！國家級運動健護教練教你速效健美！

作　　　　　者／甘思元
責 任 編 輯／胡文瓊
協 力 編 輯／賴霈紘
行 銷 企 劃／陳玫潾、陳彩玉、蔡宛玲
內 頁 設 計／雞人工作室
封 面 設 計／劉子瑜
攝　　　　　影／周國安攝影工作室
服 裝 提 供／adidas
發 行 人／涂玉雲
出　　　　　版／臉譜出版
　　　　　　　　城邦文化事業股份有限公司
　　　　　　　　台北市民生東路二段141號5樓
　　　　／電話：886-2-25007696 傳真：886-2-25001592
發　　　行　　行 英屬蓋曼群島商家庭傳媒股份有限公司城邦分公司
　　　　　　　　台北市民生東路二段141號11樓
　　　　　　　　客服務專線：886-2-25007718；2500-7719
　　　　　　　　24小時傳真專線：886-2-25001990；25001991
　　　　　　　　服務時間：週一至週五09：30-12：00；13：30-17：00
　　　　　　　　劃撥帳號：19863813；戶名：書虫股份有限公司
　　　　／讀者服務信箱：service@readingclub.com.tw
香 港 發 行 所　城邦（香港）出版集團有限公司
　　　　　　　　香港灣仔駱克道193號東超商業中心1樓
　　　　　　　　電話：（852）2508-6231 傳真：（852）2578-9337
　　　　／E-mail：hkcite@biznetvigator.com
馬 新 發 行 所　城邦（馬新）出版集團【Cite (M) Sdn Bhd】
　　　　　　　　41, Jalan Radin Anum, Bandar Baru Sri Petaling,
　　　　　　　　57000 Kuala Lumpur, Malaysia.
　　　　　　　　電話：（603）90578822 傳真：（603）90576622
　　　　　　　　E-mail：cite@cite.com.my

■一版一刷 / 2012年6月
　一版四刷 / 2014年6月

Printed in Taiwan
城邦讀書花園
www.cite.com.tw

定價399元　HK＄133元